AF666481

Ein Fall für die

MounTeens

Band 3

FSC
www.fsc.org
MIX
Papier aus verantwortungsvollen Quellen
Paper from responsible sources
FSC® C105338

Mit freundlicher Unterstützung von **Zürioberland Kultur** und der **Gemeinnützigen Gesellschaft des Bezirks Hinwil** (GGBH)

Impressum

Copyright © 2020 boox-verlag, Urnäsch
Alle Rechte vorbehalten

Illustrationen und Covergestaltung: Natalie Behle
Korrektorat: Beat Zaugg

ISBN
978-3-906037-56-1 (Hardcover)
Auch erhältlich als:
978-3-906037-58-5 (Taschenbuch)
978-3-906037-57-8 (ebook)

MounTeens ist eine eingetragene Marke von Feigenwinter Strategy & Creation

www.boox-verlag.ch
(Mit 1% seiner Einnahmen unterstützt der Verlag eine Umweltschutzorganisation)

Marcel Naas

Allzeit fallbereit

Der dritte Fall für die MounTeens

boox-verlag

Für Leonie

Inhalt

Die MounTeens sind …

Sam

Samuel Winter, von seinen Freunden Sam genannt, ist für seine dreizehn Jahre gross, kräftig und ein richtig guter Sportler. Er ist stets voller Tatendrang, wagemutig und besitzt einen ausgeprägten Sinn für Gerechtigkeit. Vielleicht liegt das ja daran, dass sein Vater, Wachtmeister Jan Winter, als leitender Polizist in Bad Lärchenberg arbeitet. Seine Mutter Sarah ist Englischlehrerin im örtlichen Sportgymnasium und hofft insgeheim, dass sich Sam in der Schule noch etwas mehr anstrengt, um nicht nur im Eishockey erfolgreich zu sein. Sam hat wilde blonde Locken und blaue Augen. Die vereinzelten Sommersprossen und sein spitzbübisches Lächeln machen ihn unwiderstehlich sympathisch. Sam ist selbstbewusst, spontan und unbekümmert, sodass er sich oft ohne zu überlegen in neue Abenteuer stürzt.

Lena

Lena Sander ist blitzgescheit und gilt als Denkerin der MounTeens. Gemeinsam mit ihren Freunden besucht sie die siebte Klasse in Bad Lärchenberg, wobei sie den Schulstoff eher als lästige Pflicht sieht. Viel lieber stillt sie ihren grossen Wissensdurst, indem sie in ihrer Freizeit das Internet nach allen möglichen Informationen durchsucht. Mit ihren schulterlangen roten Haaren, der frechen schwarzen Hornbrille und ihrem leicht spöttisch wirkenden Gesichtsausdruck gilt Lena als pfiffiger, kaum zu bändigender Wirbelwind. Was andere über sie denken, kümmert sie wenig. Das zeigt sich auch in ihrem ausgefallenen Kleidungsstil. Sie legt sich – zumindest mit Worten – mit jedem an und ist dabei nicht auf den Mund gefallen. Ihre Mutter, Anna Sander, ist alleinerziehend und als Tourismusdirektorin von Bad Lärchenberg zeitlich stark beansprucht, weshalb Lena viele Freiheiten geniesst.

Matteo

Matteo Bertone, kurz »Berti«, ist ausgesprochen hartnäckig – und dies nicht nur beim Fussballspielen, wenn er dem Ball nachjagt. Auch bei den MounTeens kann er sich so richtig in einen Fall verbeissen. Besonders auffallend ist Matteos positive Ausstrahlung – sein allzeit spürbarer Optimismus und die ansteckend gute Laune, welche seine Freunde Matteos italienischen Wurzeln zuschreiben. Mit seinem wachen Blick, den dunkelbraunen Augen und seiner temperamentvollen Art versprüht Matteo jedenfalls viel Charme. Als Einziger der MounTeens wohnt Matteo nicht in Bad Lärchenberg, sondern mitten im Ski- und Wandergebiet, da seine Eltern Claudio und Monica Bertone das Hotel Regina auf der Lärchenalp führen. Matteos Bruder Diego ist bereits achtzehn, was ihn aber nicht daran hindert, seinen Bruder und die MounTeens immer wieder mal tatkräftig zu unterstützen.

Amélie

Amélie Richard ist humorvoll und unkompliziert. Ihr Lachen steckt an und macht sie gepaart mit ihrer herzlichen Art zur unverzichtbaren »Seele« der MounTeens. Amélie ist sehr sportlich, was wenig verwundert, da ihr Vater Tim Richard im Winter als Skilehrer und im Sommer als Bademeister in Bad Lärchenberg arbeitet.

Ihrer Mutter Lou Richard hilft sie manchmal im familieneigenen Friseurgeschäft, weshalb sie über Klatsch und Tratsch in der kleinen Bergstadt gut informiert ist. Amélie hat lange blonde Haare, blaue Augen und ist wie alle MounTeens dreizehn Jahre alt. Mit ihrer eher zurückhaltenden und bisweilen ängstlichen Art weckt sie den Beschützerinstinkt der Jungs – insbesondere jenen von Sam. Mit allen MounTeens verbindet sie eine enge Freundschaft, wobei sie sich selbst nicht sicher ist, ob der Begriff »Freundschaft« ihre Gefühle für Sam wirklich treffend beschreibt ...

Getrübte Einweihungsfreude

»Heiss heute, was?«, stöhnte Sam, als er vor der Talstation des neuen Sessellifts seinen Freund Matteo traf.

»Das kannst du laut sagen! Ciao Sam!« Matteo wischte sich mit dem Arm den Schweiss von der Stirn und zog an seinem T-Shirt herum, das ihm am Körper klebte. Es war Mitte Juli – der zweite Samstag in den grossen Sommerferien.

»Gut, dass wir einige hundert Höhenmeter hochfahren können. Auf 1400 Metern ist es bestimmt kühler.« Sam schaute zur Bergstation hinauf, wo es rund um das Restaurant Alpenblick von Gästen wimmelte.

»Und das alles wegen der neuen Rodelbahn!« Matteo zeigte auf die Menschentraube, die sich um den Ticketschalter an der Talstation gebildet hatte. Dann wanderte sein Blick zum Ende des Sessellifts, von wo sich eine silbern glänzende Schlange ihren Weg ins Tal gesucht zu haben schien. In vielen Kurven führte die Sommerrodelbahn über saftig grüne Alpweiden, durch ein kurzes Waldstück im Mittelteil und weiter durch flacheres, offenes Gelände hinunter nach Bad Lärchenberg.

Unglaublich schön hier, dachte Matteo, als er über die Dächer des Schweizer Alpenstädtchens schaute, das am Fuss des Gämshorns auf einer Hochebene lag. Der idyllische See komplettierte das Bild des Sommer- und Wintersportortes, der weit über die Landesgrenzen hinaus bekannt war und viele Touristen anzog.

Von Mai bis Oktober war Bad Lärchenberg ein idealer Ausgangsort für Wanderungen und Mountainbike-Touren in die umliegenden Lärchenwälder. Im Winter suchte es als Ski- und Langlaufparadies seinesgleichen. Die Bergstadt mit ihren etwas mehr als zehntausend Einwohnern war bekannt für ihr Thermalbad und die »Flaniermeile« mit zahlreichen Sportartikel- und Modegeschäften sowie Souvenirläden, die sich in der Fussgängerzone zwischen dem Gemeindehaus und der Kirche aneinanderreihten.

»War ja klar, dass es viele Leute haben würde!«, sagte Sam schulterzuckend. »So eine Rodelbahn wird schliesslich nicht jeden Tag eröffnet!« Als Matteo nicht reagierte, fuhr er fort: »Mein Vater meinte, die Investition sei für Bad Lärchenberg von grosser Bedeutung, weil damit im Sommer wesentlich mehr Touristen angezogen würden. Die Einnahmen im Winter scheinen leider nicht zu reichen, um genug Gewinn zu machen. Er erzählte mir, dass sich die Bergbahnen in finanziellen Schwierigkeiten befänden und es enorm wichtig sei, dass die teure Rodelbahn wieder Geld in die Kassen spüle.« Er schaute Matteo an, der seinen Blick vom Tierpark zur Schule, weiter zur Eishalle und bis zum Bahnhof schweifen liess. »Hörst du mir überhaupt zu?« Sam knuffte ihn mit dem Ellbogen in die Rippen. »Diese Aussicht musst *du* dir bestimmt nicht extra anschauen, schliesslich siehst du von da oben ja täglich auf uns herunter.« Sam spielte darauf an, dass sein Freund auf der Lärchenalp rund achthundert Meter oberhalb von Bad Lärchenberg wohnte, weil seine Eltern dort das Hotel Regina führten.

»Nein, du Nervensäge!« Matteo grinste. »Heute habe ich entschieden, von meinem Himmelsthron zu euch Erdenbürgern hinunterzusteigen, um mir eure Sünden und Laster anzuschauen.«

»Du spinnst ja!« Sam tippte sich an die Stirn. Dann faltete er scheinheilig seine Hände und sank theatralisch zu Matteos Füssen. »Darf ich dich also um deinen Segen für die Rodelbahn bitten? Und am besten auch gleich noch um eine Zehn-Fahrten-Karte?«

Matteo lachte. »Sei gesegnet mein Sohn, doch wisse, dass Geld und eine Zehn-Fahrten-Karte nicht glücklich machen, sondern einzig ein Leben in Demut und Bescheidenheit.«

»Du bist so ein Idiot, Mann!« Sam boxte Matteo freundschaftlich in den Oberarm und verpasste beinahe, dass sich die Schlange am Ticketschalter vor ihm aufgelöst hatte und er nun an der Reihe war.

»Wo sind eigentlich Lena und Amélie?«, fragte Matteo, als sie sich das Spezialticket mit je drei Berg- und Rodelfahrten gekauft hatten, das Einheimische am Eröffnungstag zum Vorzugspreis erhielten.

»Amélie hat mir vorher eine Nachricht gesendet, dass sie bereits oben seien!«, sagte Sam und seufzte leise.

»Stöhnst du, weil der Text keine Emojis mit Herzchen enthielt?«, stichelte Matteo, der genau wusste, wie verliebt Sam war.

Sie setzten sich auf einen Vierersessel und schlossen den Sicherheitsbügel. Zu Matteos Überraschung sah ihn Sam ernst an. »Manchmal denke ich, du kannst meine Gedanken lesen, Berti.«

Dieser wollte erst lachen, merkte dann aber, dass es Sam nicht ums Spassen war. »Echt jetzt? Du bist traurig, weil dir Amélie kein Herz-Emoji gesendet hat?«

»Es ist nicht wegen der einen Nachricht. Schon länger geht sie mir irgendwie aus dem Weg. Im Frühling war es anders ...«

»Aber ihr wart ja nie zusammen, oder?«, fragte Matteo, der sich danach am liebsten auf die Zunge gebissen hätte.

Sam nahm ihm die Bemerkung nicht übel. »Du hast recht, doch es fühlte sich wenigstens so ähnlich an, als wir uns im Tierpark an den Händen hielten.« Sam starrte traurig auf den zehn Meter weiter unten vorbeigleitenden Boden.

»Tut mir leid«, sagte Matteo. »Ich denke schon, dass sie auch was für dich empfindet. Das sieht man!«

»Wirklich?«

»Klar, Mann!« Er klopfte seinem Freund aufmunternd auf die Schulter. »Schau, dort gleich neben der Bergstation steht sie ja und winkt dir zu.«

»Uns, nicht mir.« Sam wirkte zerknirscht. »Es geht nicht um mich.«

»Jetzt hör schon auf, Trübsal zu blasen! Heute ist ein Feiertag!« Matteo öffnete den Bügel und der Vierersessel fuhr langsam in die Station ein.

Wenig später waren die MounTeens vereint. Amélie hatte Sam und Matteo zu Lena geführt, die sich unter einem Baum ein Stück Schatten gesichert und dieses verteidigt hatte. Nun sassen sie – vor der erbarmungslos stechenden Sonne geschützt – mit Blick aufs Rednerpult im Gras.

»Danke, Lena!«, sagte Matteo. »Der Schatten ist selbst hier oben Gold wert. Möchte ja nicht wissen, wie heiss es im Flachland ist!«

»Und doppelt cool, dass wir von hier aus die offizielle Eröffnung mitbekommen. Wann beginnt das Ganze?« Sam schaute auf die Uhr.

Lena kramte einen Flyer aus dem Rucksack. »Um halb zwölf.«

»Sagt deine Mutter auch etwas?«, fragte Amélie.

»Muss sie ja wohl!« Lena verdrehte die Augen. »Ihr hättet sie die letzten Tage sehen sollen, wie sie vor dem Spiegel übte.«

Anna Sander stand neben dem Rednerpult und sprach mit Manfred Glauser, dem Chef der Bergbahnen. Als Tourismusdirektorin von Bad Lärchenberg fand sie es selbstverständlich, an einem solchen Anlass ebenfalls zum Mikrofon zu greifen. Die alleinerziehende Mutter war wie immer gut gekleidet und zog mit ihrem beigen, dezent längsgestreiften Hosenanzug die Blicke der Männer auf sich. Die schulterlangen braunen Haare hatte sie straff nach hinten gekämmt, was ihr eine Strenge und Unnahbarkeit verlieh, die der Zweiundvierzigjährigen nur recht waren. Schliesslich hatte sie nach ihrer geschiedenen Ehe – unbewusst vielleicht auch ihrer Tochter zuliebe – keine neue Beziehung mehr gesucht.

Heute aber stand ein gepflegt aussehender und zweifellos reicher Mann neben der Tourismusdirektorin. Sam bemerkte, wie Lena die Nase rümpfte, als die beiden ihre Köpfe zusammensteckten und sich etwas zuflüsterten.

»Wer ist das?«, fragte Sam neugierig, während er in Richtung von Anna Sander und dem Fremden deutete.

»Viktor Makarenko«, antwortete Lena mit tonloser Stimme. »Ein russischer Geschäftsmann, der hier seit Jahren seine Ferien verbringt.« Ihr Blick wurde eisig und die nächsten Worte klangen wie hingespien: »Keine Ahnung, was meine Mutter an diesem schleimigen Kerl toll findet!«

»Du meinst jetzt echt, da läuft was zwischen den beiden?«, fragte Sam gewohnt direkt, bevor er merkte, wie ungeschickt das gewesen war.

Lena sah ihn trotzig an. »Nicht solange ich das verhindern kann«, flüsterte sie und bahnte sich den Weg zu ihrer Mutter.

Als Lena ausser Hörweite war, machte Amélie ihrem Ärger Luft: »Du, Trampel!«, fuhr sie Sam an, »siehst du nicht, dass Lena leidet?«

Sam schaute schuldbewusst zu Boden. Er hatte es ja selbst bemerkt. Musste Amélie nun noch auf ihm herumhacken? »Tut mir leid«, murmelte er, »ich habe tatsächlich schneller geredet als gedacht.«

»Das kennen wir von dir!«, sagte Amélie in etwas versöhnlicherem Ton. Dennoch fiel Matteo auf, was sein Freund vorher auf dem Sessellift gemeint hatte: Zwischen Amélie und Sam herrschte irgendwie Eiszeit.

In der Zwischenzeit hatte sich Lena durch die Menschenmenge auf der Terrasse des Restaurants Alpenblick gepflügt und das Rednerpult erreicht. Die anderen MounTeens beobachteten, wie sie kurz mit ihrer Mutter sprach und den russischen Geschäftsmann dabei keines Blickes würdigte. Nachdem Anna Sander ihr offenbar etwas gegeben hatte, machte sich Lena auf den Rückweg.

Was für ein Unterschied, dachte Matteo. Während ihre Mutter modebewusst war und viel Wert auf ihr Äusseres legte, scherte sich Lena keinen Deut darum, ob die Kleider zusammenpassten. Heute trug sie ein violettes T-Shirt mit einem silbern glitzernden Herz-Aufdruck, kurze Jeanshosen und rot-weiss gestreifte, kniehohe Socken. Dazu zierten olivgrüne Sneakers mit deutlichen Löchern beim grossen Zeh ihre Füsse. Matteo schmunzelte. Tat sie das mit Absicht? Bestimmt! Es war, als ob sie ihre Unabhängigkeit und Freiheit auf diese Weise zur Schau stellen wollte.

»Was hast du denn deiner Mutter so dringend sagen müssen?«, fragte Amélie, als sich Lena wieder zu ihnen gesetzt hatte.

»Eigentlich gar nichts. Es ging mir nur darum, sie im Gespräch mit diesem Geldsack zu stören.« Lena verzog angewidert das Gesicht. »Ausserdem soll er wissen, dass die attraktive Tourismusdirektorin eine kratzbürstige Tochter hat.« Sie grinste teuflisch und fügte an: »Da ist meine Mutter gleich wieder uninteressanter in seinen Augen. Kurz: Ich brauchte gar nichts von meiner Mutter, habe aber als Vorwand um etwas Geld gebeten.«

»Was du offenbar erhalten hast!«, stellte Matteo fest.

»Genau, lasst uns im Selbstbedienungsrestaurant ein paar Portionen Pommes holen!«, lachte Lena. »Ich spendiere sie.«

Ein folgenschwerer Unfall

Die Reden waren vorbei. Manfred Glauser schnitt feierlich das rote Band vor dem Drehkreuz zur Rodelbahn durch. Jetzt war es so weit. Für die vielen Besucherinnen und Besucher gab es kein Halten mehr. Alle wollten die neue Attraktion als Erste ausprobieren und mit dem Zweierrodel auf den Führungsschienen zu Tal brausen. Auch die MounTeens hatten sich in die Schlange gestellt.

»Hallo, Ryan!«, rief Amélie fröhlich und winkte einem sechzehnjährigen Schulkollegen aus der neunten Klasse zu.

»Ausgerechnet der«, knurrte Sam so leise, dass ihn niemand hören konnte. »Der hat mir gerade noch gefehlt.«

»Hey, Amélie, du strahlst ja heller als die Sonne!« Ryan lachte und gesellte sich zu ihnen.

Schleimer, dachte Sam und ballte seine Hände in den Hosentaschen. Wusste der denn nicht, dass Amélie zu ihm gehörte? Wobei ... tat sie das wirklich? Er musterte den schlaksigen, selbstbewussten Jungen. Ryan war gesellig, ein Spassvogel und überaus gesprächig. Manchmal nahm er aber den Mund auch etwas zu voll. Sam hatte schon mehrfach beobachtet, wie Ryan Amélie anzubaggern versuchte, nur hatte sie bisher nicht darauf reagiert. Bis heute.

Amélie fasste sich an den Hals. Ein Zeichen für Verlegenheit, wie Sam wusste.

»Und welcher Planet bist du?«, fragte Sam bissig.

»Ich verstehe dich nicht, Mann!« Ryan schaute ihn verwirrt an. Lena hatte Sams Anspielung verstanden: »Du kannst ja nicht auch noch hell sein, wenn Amélie schon die Sonne ist!« Sie zwinkerte Sam zu, der sie dankbar anlächelte. »Aber du kreist wie ein Planet um sie herum, wenn ich mich nicht irre.«

Einen Moment lang wusste Ryan nicht, ob er lachen oder sich ärgern sollte. Schliesslich entschied er sich für Ersteres. »Ich bin kein Planet, sondern mein eigener Mond und kreise um mich selbst. Aber sagt mir einfach, wenn ich euch störe.«

Amélie machte eine wegwerfende Handbewegung. »Ach, lass die labern und stell dich doch hier mit uns an.«

»Wir sehen uns unten«, rief Ryan, der sich alleine auf einen Schlitten der Rodelbahn gesetzt hatte und nun vor dem Start noch kurz ein Selfie schoss. Winkend hob er die rechte Hand, dann drückte er die wie Handbremsen an beiden Seiten des Rodels montierten Hebel ganz nach vorne, um Fahrt aufzunehmen.

Amélie und Lena waren an der Reihe. Sie setzten sich in die Schalensitze des gelben Schlittens, schnallten sich an und warteten, bis die Ampel auf Grün sprang und die Bahn freigab.

Sam wirkte zerknirscht – die Enttäuschung, dass Amélie und er sich nicht einmal den Schlitten teilten, stand ihm ins Gesicht geschrieben. Er seufzte. Heute lief aber auch wirklich alles gegen ihn! Missmutig blickte er Lena und Amélie nach, bevor er sich hinter Matteo setzte und seine Hände auf die Hebel legte.

»Anschnallen, Jungs!«, wies sie der Bahnarbeiter an. »Los gehts!«

Sie legten schnell an Tempo zu. Sam spürte den Fahrtwind in seinen blonden Locken. Auf seinen Lippen bildete sich ein Lächeln und spätestens in der ersten Kurve war sein Liebeskummer wie weggeblasen. Stattdessen liessen ihn die Geschwindigkeit und die wirkende Schwerkraft jauchzen.

Die Rodelbahn bog in ein Waldstück ein. Sam und Matteo nahmen Kurve acht ohne abzubremsen.

Plötzlich sahen sie Lenas und Amélies Schlitten vor sich auf der Bahn stehen.

»Anhalten!«, schrie Matteo.

Sam reagierte blitzschnell und zog an beiden Hebeln. Die Bremswirkung folgte unmittelbar, die Gurte spannten sich ruckartig und verhinderten, dass Sam und Matteo kopfvoran auf die Bahn geschleudert wurden.

»Mann, war das knapp!« Sam atmete tief durch, als sie stillstanden und den Aufprall um wenige Zentimeter hatten verhindern können.

»Was ist denn los? Weshalb haben Lena und Amélie gestoppt?« Matteo schlüpfte aus dem Gurt und stand auf, um über den im Weg stehenden Schlitten zu sehen. »Da vorne liegt jemand!«

Sams Herz setzte einen Moment lang aus. Amélie!

»Es ist Ryan. Die Mädels knien neben ihm.«

Ein Gefühl der Erleichterung durchflutete Sam. Erst dann folgte auch Sorge um Ryan. Er musste sich das ansehen!

»Geh nur, Sam. Ich schaue, dass keiner in uns reindonnert!« Matteo behielt wie so oft einen kühleren Kopf als Sam und sprintete der Rodelbahn entlang hinauf zur letzten Kurve, wo er die nächsten zwei Rodler gerade noch rechtzeitig stoppen konnte.

Sam war zu Lena und Amélie geeilt. Ryan lag stöhnend am Boden und hielt sich seinen Kopf.

»Was ist passiert?«, fragte Sam besorgt.

»Keine Ahnung«, antwortete Lena. »Als wir oben um die Kurve kamen, sahen wir Ryans Schlitten auf der Bahn und er lag hier neben dem Fangnetz. Er muss in der Kurve hier herausgeschleudert worden sein.«

»Genau«, stiess Ryan mühsam hervor. »Der Gurt muss sich gelöst haben.«

»Bist du okay?«, fragte Sam.

»Geht so.« Noch immer hielt Ryan seinen Kopf zwischen den Händen, setzte sich nun aber immerhin auf.

»Wir müssen hier weg. Es ist gefährlich, mitten auf der Bahn zu stoppen! Komm!« Sam fasste Ryan unter den Armen und zog ihn auf den Schlitten, wo er ihn auf dem vorderen Sitz angurtete. Anschliessend gab er Matteo ein Zeichen, dass sie weiterfahren würden, setzte sich hinter Ryan und schnallte sich selbst an.

»Da liegt noch dein Handy!« Lena bückte sich und hob es auf. »Hier, Ryan!«

»Danke euch«, murmelte dieser benommen. »Voll nett!« Amélie hatte die ganze Zeit über nur dagestanden und vor Schreck kaum etwas gesagt. Nun kehrte die Farbe in ihr Gesicht zurück und sie fragte mitfühlend: »Schaffst du es, Ryan?«

»Klar doch«, brummte Sam unwirsch und löste die Bremsen. Amélies Mitleid mit Ryan ärgerte ihn. Geschah dem Doofmann eigentlich ganz recht, dass er auf seine viel zu grosse Schnauze gefallen war.

Als sie Fahrt aufgenommen hatten, fiel Sam plötzlich ein, dass Ryan und er auf dem Schlitten mit dem womöglich defekten Gurt sassen. Er zog zweimal mit aller Kraft daran. Der Verschluss öffnete sich nicht. Die nächste Kurve führte aus dem Wäldchen hinaus, von wo sich die Rodelbahn mit weniger Gefälle und nur noch sanften Richtungswechseln über die Alpweide hinunter zum Ziel schlängelte. Sam fiel auf, dass Ryan bei jeder Erschütterung leise jammerte. Er musste wirklich Kopfschmerzen haben.

Ein besorgter Bahnmitarbeiter wartete unten auf Sam und Ryan.

»Was ist passiert? Seid ihr wohlauf?« Der Mann half Ryan aus dem Schlitten. Sam fasste alles kurz zusammen. Der Angestellte nickte: »Wir haben auf den Videobildern gesehen, dass irgendwo zwischen Kurve sieben und zehn etwas vorgefallen sein musste, doch es gibt dort nicht überall Kameras. Natürlich wurde die

Bahn oben nicht mehr freigegeben und ein Mitarbeiter hat sich auf den Weg gemacht, aber er ist wohl nicht rechtzeitig gekommen.«

Eine Viertelstunde später standen die MounTeens neben der Talstation und schauten einander betreten an.

»Was für ein Pech! Das hätte doch ein Riesenfest werden sollen!« Lena dachte an ihre Mutter. »Das wird ihr gar nicht gefallen.« Sie zeigte auf die Rodelbahn, auf der keine Schlitten mehr zu sehen waren.

»Das ist ganz schlechte Werbung für Bad Lärchenberg«, pflichtete ihr Matteo bei. »Aber war es wirklich nötig, die Bahn gleich zu schliessen?«

»Stell dir vor, es gäbe tatsächlich ein Problem mit Ryans Gurt oder anderen Gurten und man würde das jetzt nicht prüfen. Wenn ein zweiter Unfall geschähe, hätten die Rodelbahnbetreiber ganz schön Ärger am Hals.« Lena wiederholte, was sie von ihrer Mutter am Telefon erfahren hatte.

Glauser hatte nach der Unfallmeldung keinen Moment gezögert, da die Bergbahnen für die Sicherheit verantwortlich waren und für Unfälle haften mussten. Er hatte den Betrieb der Rodelbahn bis auf Weiteres eingestellt. Ryan war zu genaueren Abklärungen ins Krankenhaus gefahren worden und der Schlitten sollte von der Polizei untersucht werden, um festzustellen, ob ein Materialfehler vorlag.

»Da taucht auch schon mein Vater auf«, sagte Sam. Er zeigte hinüber zum Polizeiwagen, der gerade vorfuhr. Wachtmeister Winter und eine Polizeibeamtin stiegen aus und wurden von Herrn Glauser in Empfang genommen. Der Chef der Bergbahnen war inzwischen zusammen mit Hunderten von enttäuschten Besucherinnen und Besuchern der Rodelbahneröffnung per Sesselbahn zur Talstation hinuntergefahren. Als er Sams Vater nun die Hand schüttelte, hatte seine Besorgnis längst in Verzweiflung umgeschlagen.

»Der sieht fix und fertig aus!«, stellte Matteo mitfühlend fest.

»Kein Wunder«, ergänzte Lena. »Meine Mutter sagt, dass der Erfolg dieser Rodelbahn darüber entscheiden wird, ob die Bergbahnen überleben.«

»Jetzt machst du mir aber Angst«, sagte Amélie erschrocken. »Du meinst, es ist nicht sicher, dass wir hier weiterhin Ski fahren können im Winter?«

»Wie dramatisch das Ganze ist, weiss ich nicht so genau.« Lena putzte sich ihre schwarze Hornbrille. »Sicher ist aber, dass dieser Makarenko in den Startlöchern steht, um viel Geld zu investieren und die Bergbahnen notfalls zu retten.«

»Das ist ja super!« Matteo schien erleichtert.

»Wie man es nimmt«, meldete sich Sam zu Wort. »Wer bezahlt, will natürlich auch Einfluss nehmen, sagt mein Vater.«

»Logisch.« Matteo hob eine Augenbraue. »Und wo liegt das Problem?«

»Das kommt auf Makarenko an.« Lena hatte das Thema mit ihrer Mutter schon öfter besprochen. »Ihr glaubt wohl nicht ernsthaft, er gibt sein Geld nur aus, weil er gerne hier im Urlaub ist! Ja, es ist wahr, dass er seit zwanzig Jahren Stammgast ist. Wenn jedoch ein erfolgreicher Geschäftsmann Millionen ausgibt – ihr hört richtig, wir sprechen von über dreissig Millionen –, dann will er garantiert auch etwas verdienen. Dafür wird er aber eigene Ideen umsetzen wollen.«

»Welche eigenen Ideen meinst du denn, Lena?«, fragte Amélie.

»Meine Mutter hat mal angetönt, dass er hier im Städtchen Luxushotels für die Superreichen dieser Welt hinstellen möchte. Die Baubewilligung dafür wäre dann die Bedingung, dass er überhaupt bezahlt.«

»So läuft der Hase also!« Sam verzog sein Gesicht. »Mein Vater war auch immer sehr kritisch, wenn er von ausländischen Investoren sprach.«

Matteos Miene hatte sich zusehends verfinstert. »Grossinvestoren wie Makarenko sind schon dabei, den Sport kaputtzumachen.« Er dachte an Ölscheiche, die sich als Hobby ein Fussballteam hielten und mit ihrem Geld dafür sorgten, dass die Meisterschaft nicht mehr spannend war. Oft kauften sie die beste Mannschaft zusammen, weshalb clubeigene Nachwuchsspieler keine Chance erhielten. »Diese Investoren denken bestimmt nicht an uns Einheimische, sondern nur an ihren eigenen Profit! Die sollen sich von unseren Skiliften fernhalten!«

»Weiss jemand, womit Makarenko sein Geld verdient?«, fragte Sam.

»Er ist Bauunternehmer und besitzt weltweit haufenweise Immobilien. Meine Mutter sagt, er sei wohl Milliardär.« Lena seufzte. »Für mich macht ihn das nicht unbedingt sympathischer, aber sie scheint das anziehend zu finden.«

»Sprechen wir nicht weiter über ihn«, sagte Amélie, die fürchtete, dass sich Lena erneut aufregen würde. »Die Rodelbahn wird sicher bald wieder geöffnet und dann ist das alles gar kein Thema mehr.«

»Hoffen wir das Beste«, sagte Lena wenig überzeugt, wobei unklar blieb, ob sie an die Bergbahnen oder an eine zukünftige Beziehung ihrer Mutter dachte.

Bezahlte Rutschbahnen

»Wie wäre es mit einer Abkühlung?« Amélie legte ihre Sonnenbrille auf das Strandtuch und stand auf. Eine Woche war seit dem Unfall auf der Rodelbahn vergangen. Die Sommerhitze hatte dazu geführt, dass sich die MounTeens fast täglich im Schwimmbad getroffen hatten.

»Gute Idee!« Sam sprang auf.

»Wohin geht ihr?« Matteo blinzelte unter seiner Schirmmütze hervor, die er sich zum Dösen aufs Gesicht gelegt hatte.

»Zu den Rutschbahnen. Kommst du auch?«

»Hat mir zu viele Leute«, brummte Matteo. »Wo kommen die eigentlich alle her?«

Lena strich sich über die Wade, um die winzigen Grashalme des geschnittenen Schwimmbadrasens abzuwischen. »Ist ja klar, dass es hier voll ist. Zum einen ist die Rodelbahn immer noch geschlossen. Die Touristen suchen sich deshalb eine neue Attraktion und gehen bei dieser Hitze natürlich ins Schwimmbad. Zum anderen ist Sonntag. Es sind also auch alle Einheimischen hier.«

Matteo grinste: »So viele Worte auf meine simple Frage. Hey, wir haben Ferien, Frau Professorin.«

Lena nahm den Spott mit Humor. »Komm jetzt einfach zu den Rutschbahnen, damit ich dir oben die Wasserdurchflussmenge pro Stunde in Kubikmetern vorrechnen kann. Sonst lernst du ja nichts.« Alle lachten und Matteo rappelte sich ebenfalls auf, um sich den anderen anzuschliessen, die bereits am Fusse des Turms mit den drei Rutschbahnen standen.

»Hey, ihr seht aus, als wärt ihr von hier. Welche Rutsche ist die beste?« Ein Mädchen mit schwarzen, halblangen Haaren, dunkelbrauner Haut und knallrotem Bikini stand direkt hinter den MounTeens und lächelte sie freundlich an.

Matteo schluckte leer. Zum Glück hatte er nicht weitergedöst!

»Die rote, aber warum weisst du, dass wir von hier sind?«, fragte Lena.

»Ich habe gesehen, wie drei von euch draussen ihre Fahrräder abgestellt haben. Ausserdem seid ihr ohne Eltern hier.«

»Gut kombiniert.« Lena lächelte. »Und nun lass mich raten. Du bist Pfadfinderin und hier im Sommerlager!«

»Wow, ich bin beeindruckt. Wie hast du das herausgekriegt?« Das Mädchen musterte die MounTeens neugierig. Bei Matteo verharrte sie einen Augenblick länger, was diesem unmittelbar ein paar Schweissperlen mehr auf die Stirn trieb.

»Euer Eintreffen im Pfadfinderhemd war ja nicht zu übersehen«, sagte Lena leicht spöttisch. »Ausserdem sah ich dich an der Kasse stehen und die Tickets bezahlen. Und von meiner Mutter weiss ich, dass eine Gruppe Pfadfinder in Bad Lärchenberg im Sommerlager ist.«

Das Mädchen kam einen Schritt näher und stellte sich vor: »Ich bin Leonie, aber keiner nennt mich so. Sagt einfach ›Chat‹ zu mir.«

»Chat, wie das englische Wort für ›schwatzen‹?«, lachte Sam. »Das passt! Gehst du immer so direkt auf Leute zu?«

»Ja, genau deshalb wurde ich bei den Pfadfindern auf diesen Namen getauft. Mein Pfadfinderkollege hier heisst zum Beispiel Mano.« Chat zeigte auf einen schüchtern wirkenden Jungen, der unmittelbar neben ihr stand und den MounTeens bisher gar nicht aufgefallen war.

»Hallo«, sagte er leise.

»Lass mich raten. Mano kann mit seinen Händen gut umgehen.« Matteo hatte auf seine Italienischkenntnisse zurückgegriffen und deshalb gewusst, dass Mano »Hand« bedeutete.

Chat bedachte Matteo mit einem Strahlen, das ihn verlegen zu Boden blicken liess. »Ihr seid wohl alle superschlau, was?«

»Suchen wir doch mal Pfadfindernamen für uns MounTeens«, schlug Sam vor. »Amélie wäre ›Sole‹, wie die italienische Sonne.«

Amélie lachte. »Du Schmeichler! Du hingegen wärst Donald; mutig, aber etwas grossmäulig und sympathisch tollpatschig!«

Sam lächelte gequält. So dachte Amélie also von ihm. Er liess sich seine Enttäuschung nicht anmerken und fuhr weiter: »Vorschläge für Lena?«

»Du bist Wiki«, sagte Amélie zu ihrer Freundin, »weil du wie Wikipedia immer so viel weisst.«

Lena nickte und schien zufrieden. »Für Matteo schlage ich ›Mute‹ vor. Das heisst ja ›stumm‹ auf Englisch. Ihr solltet ihn jeweils am Morgen sehen, wenn ich ihn von der Gondelbahn abhole. Keinen Ton hört man von ihm.« Matteo zuckte mit den Schultern und grinste.

»Hey, du würdest gut zu mir passen!«, sagte Chat. Matteo lief rot an. »Neben Chat braucht es Mute, oder? Einen zweiten Lautsprecher verträgt es nicht.« Sie lachte unbeschwert und schien nicht weiter über ihre Worte nachzudenken, während Matteo grübelte, ob sie das Ganze im Kern vielleicht sogar ernst meinte.

»Schaut mal hier!« Amélie zeigte auf eine Tafel, wo die Benutzungsregeln für die drei Rutschbahnen geschrieben standen.

»Was meinst du?«, fragte Chat. »Ist ja nicht aussergewöhnlich, dass man nur sitzen und liegen darf, oder?«

»Nein, weiter unten. Lies den Namen!«

»Gebaut mit freundlicher Unterstützung von Viktor Makarenko. Wer ist das?«

Lena fasste kurz zusammen.

»Der hat seine Finger wohl bereits jetzt überall im Spiel«, stellte Sam trocken fest.

»Ich wusste, dass Makarenko hier Sponsor ist«, sagte Lena. »Meine Mutter ist mit ihm schon lange im Gespräch. Der hat Geld wie Heu.«

»Ist doch eigentlich gut für euch, oder?«, meinte Mano.

»Hier bei den Rutschbahnen vielleicht«, Lena zögerte, »aber ich traue ihm nicht über den Weg. Der führt etwas Grösseres im Schilde. Gerade reiche Personen geben ihr Geld doch nicht einfach so aus.«

Die Rutsche war frei. Sam stürzte sich mit einem Freudenschrei in die Röhre.

Wenig später tollten alle im Schwimmbecken herum und spritzten sich gegenseitig an. Amélie versuchte, Sam unter Wasser zu drücken, indem sie ihn von hinten umklammerte und mit sich hinunterzog. Sam konnte sein Glück kaum fassen. Noch nie hatte er Amélies Körper so nah an seinem gespürt. Er wehrte sich nur halbherzig und versuchte stattdessen, die Berührung an seinem Rücken so lange wie möglich aufrechtzuerhalten. Er griff nach hinten, um ihre Taille zu fassen und sie im Spasskampf noch näher an sich zu drücken.

»Sind die beiden ein Paar?«, fragte Chat den neben ihr stehenden Matteo laut genug, dass Amélie und Sam es ebenfalls hören konnten.

»Sagen wir, sie mögen sich sehr gut«, versuchte Matteo die heikle Frage möglichst elegant zu beantworten.

»Nein«, rief Amélie lachend. »Sind wir nicht.« Sie löste sich von Sam, der nicht verbergen konnte, wie unglücklich er über die unmissverständliche Antwort war. Schnell tauchte er ab, damit niemand sah, dass ihm das Ganze ziemlich nahe ging. Er schwamm einige Züge unter Wasser und stiess beim Auftauchen fast mit dem Chef der Bergbahnen zusammen.

»Hallo, Herr Glauser!«

»Bist du nicht der Sohn von Wachtmeister Winter?«

»Genau der bin ich«, antwortete Sam fröhlicher, als er sich fühlte. »Mein Name ist Sam. Darf ich Sie etwas fragen?«

»Schiess los!«

»Was ist mit der Rodelbahn? Wie lange bleibt sie noch geschlossen?«

Herr Glauser strich sich die nassen grauen Haare aus der Stirn und seufzte. »Wir mussten die Bahn für eine Woche schliessen, bis die Ermittlungen und Kontrollen abgeschlossen waren. Es ist so weit aber nichts Negatives für uns dabei herausgekommen. Weder ein Materialfehler noch menschliches Versagen konnten festgestellt werden. Wir dürfen morgen wieder öffnen.«

»Das freut mich für Sie – und für uns natürlich auch. Dann ist ja alles gut.«

»Nein, es ist trotzdem eine Katastrophe, dass bei der Eröffnung so etwas passiert ist. Der finanzielle Verlust durch die Schliessung und auch der Imageschaden schmerzen gewaltig.«

Sam nickte. »Hoffen wir also, dass es bei dem einen Vorfall bleibt. Dann wird man das auch wieder vergessen, oder?«

»Ja, vielleicht.« Herr Glauser schien wenig optimistisch. »Und sonst können wir die Bergbahnen gleich ganz schliessen.«

Sam versuchte erst gar nicht, Herrn Glauser aufzumuntern, und verabschiedete sich, um seinen Freunden von den Neuigkeiten zu erzählen.

»Wusstet ihr, dass ...?« Sam brach mitten im Satz ab. »Was macht der denn hier?« Er rümpfte die Nase und deutete mit der

Kinnspitze zu Ryan, der am Beckenrand stand. Erst jetzt sah er, dass Amélie zu ihm geschwommen war. Sam spürte einen Stich im Herzen. Was fand sie nur an dem Kerl?

»Mach dir keine Sorgen, Mann!« Matteo klopfte Sam auf die Schulter. »Es ist nur Mitleid oder Mitgefühl, weil Ryan einen Unfall hatte. Amélie würde sich selbst um den unfreundlichen Bademeister kümmern, wenn dieser sich den Zeh angestossen hätte.«

Sam musste bei dieser Vorstellung trotz seiner Eifersucht lachen. »Danke, Berti!«

Chat und Mano waren mit der Pfadfindergruppe aufgebrochen. Die MounTeens lagen wieder auf ihren Strandtüchern, während Sam von seinem Gespräch mit Herrn Glauser berichtete.

»Und was hast du bei Ryan erfahren, Amélie?«, fragte er nun. Sam versuchte, weder bitter noch eingeschnappt zu klingen, was ihm allerdings nicht ganz gelang.

»Ryan erlitt eine leichte Gehirnerschütterung. Er verbrachte zwei Nächte im Krankenhaus und hat seither viel Ruhe gebraucht. Heute ist offenbar der erste Tag, an dem er wieder aus dem Haus gegangen ist. Er darf nun aber drei Wochen keinen Sport machen.«

»Der macht doch sowieso keinen Sport«, spottete Sam und erntete einen vernichtenden Blick von Amélie.

»Ich weiss, dass du ihn nicht magst, Sam. Ich aber schon, also hör auf!«

Abgesägt oder abgebrochen?

Nach einer stürmischen Gewitternacht herrschte am Montagmorgen eine angenehme Kühle im Tal. Die Luft schien gereinigt und bereit, von der Sonne wieder erwärmt zu werden.

Lena atmete tief ein. »Ich liebe diese frische Morgenluft im Sommer.«

Amélie nickte. »Es ist einfach herrlich hier oben.« Sie schaute sich um. Die MounTeens befanden sich knapp oberhalb von Bad Lärchenberg auf derselben Alpweide, über welche auch die neue Rodelbahn führte. Sie waren unterwegs zu Bauer Berger, um zu fragen, ob sie auf seinem Land campieren durften. Schon lange hatten sie geplant, in den Sommerferien zwei Nächte im Zelt zu verbringen.

»Heute soll sie ja wieder eröffnet werden«, sagte Matteo und deutete hinüber zur Rodelbahn.

»Oh, das habe ich euch ja noch gar nicht erzählt.« Lena schlug sich mit der flachen Hand auf die Stirn. »Meine Mutter und ich sassen vorher beim Frühstück, als Herr Glauser anrief, um sie über einen weiteren Vorfall zu informieren. Der Angestellte, der die Bahn heute Morgen testete, wäre nämlich um ein Haar mit einem auf der Rodelbahn liegenden dicken Ast kollidiert. Er konnte gerade noch rechtzeitig bremsen und hat den Ast dann zur Seite geworfen.«

»Zum Glück ist nichts passiert!«, sagte Amélie.

»Das stinkt doch zum Himmel!«, ereiferte sich Sam. »Hier will jemand der Rodelbahn schaden, oder?«

»Das hat meine Mutter zuerst auch gesagt, aber Herr Glauser meinte, es sei ja gestern Nacht stürmisch gewesen und es könne schon mal ein Ast runterfallen. An solche Zufälle glaube ich jedoch nicht.«

»Wo ist es denn passiert?«, fragte Amélie.

»Zwischen Kurve acht und neun, also ganz in der Nähe, wo Ryan neben dem Fangnetz lag.«

»Ich finde das reichlich seltsam«, sagte Matteo. »Hat der Mitarbeiter denn geschaut, ob der Ast abgebrochen oder abgesägt war?«

»Wenn ich meine Mutter richtig verstanden habe, untersuchte er ihn nicht genauer, sondern schaffte ihn einfach möglichst schnell aus der Bahn.«

»Wir werden das natürlich überprüfen.« Sams Augen begannen zu leuchten. »Mir scheint, das ist ein neuer Fall für die Moun-Teens!«

Hans Bergers kleiner Bauernhof befand sich etwa zweihundert Höhenmeter oberhalb von Bad Lärchenberg in mittelsteilem Gelände an einem Waldrand. Der Betrieb hatte auch schon bessere Zeiten gesehen, denn seit Bergers Frau gestorben war, mühte sich der siebzigjährige Bauer alleine ab und mochte einfach nicht alle anfallenden Arbeiten verrichten.

Heute stand Bauer Berger mit leicht gekrümmtem Rücken im Garten vor dem Haus und wandte sich mürrisch um, als die MounTeens ihn grüssten.

»Guten Morgen, Herr Berger!«

»Kenne ich euch?«, fragte er misstrauisch, wurde aber schnell freundlicher, als die MounTeens erklärten, wer sie waren und weshalb sie kamen.

»Ja, sucht euch einen schönen Platz. Es ist übrigens bereits eine Gruppe Pfadfinder drüben im Wäldchen.«

Die MounTeens bedankten sich und versprachen wiederzukommen, sobald sie einen geeigneten Zeltplatz gefunden hätten.

»So nett, dass wir hier zelten dürfen! Was meint ihr zum Platz dort hinten am Waldrand?« Amélie zeigte auf eine Stelle, wo das Gelände etwas flacher war.

»Sieht perfekt aus! Lass es uns anschauen.« Sam schritt vorneweg, die anderen folgten ihm, und wenig später inspizierten sie den möglichen Zeltplatz.

»Ja, der würde sich gut eignen«, sagte Lena, die sich probehalber ins Gras gelegt hatte. »Ein wunderbarer Ort, um morgen und übermorgen zu campieren. Schade, dass es heute noch nicht klappt, weil ich abends zu Hause sein muss.«

»Mach dir nichts draus. Nun wissen wir jedenfalls schon, wo wir die zwei Zelte aufbauen. Lasst uns noch schnell Herrn Berger Bescheid geben!«

»Hey, was macht ihr denn hier?« Chats Gesicht tauchte hinter einem Gebüsch auf.

»Chat!«, rief Matteo erfreut. »Wir haben gehört, dass ihr in der Nähe euer Lager habt. Das ist voll cool, weil wir morgen und übermorgen ebenfalls hier am Zelten sind.«

»Was ist denn heute mit Mute los?«, sagte Chat lachend. »Der macht mir noch Konkurrenz!« Matteo lief bereits wieder rot an. »Aber kommt mit. Ich zeige euch unser Lager.«

Während sie Chat folgten, betrachtete Matteo die Pfadfinderin. Auch mit beige-braunem Hemd, orange-blauem Foulard und in Jeans fand er sie einfach umwerfend.

Sie traten auf eine kleine Lichtung. Die MounTeens blieben überrascht stehen.

»Was staunt ihr denn so?«, fragte Chat amüsiert. »Noch nie ein Pfadfinderlager gesehen?«

»Wow!«, entfuhr es Sam. »Da habt ihr echt etwas auf die Beine gestellt. Ich habe mir hier ein paar verstreute Zelte vorgestellt.« Er zeigte auf die diversen Holzkonstruktionen auf der Lichtung. »Aber das hier übertrifft alle Erwartungen.«

»Willkommen im Wilden Westen, meine Lieben!« Chat grinste vergnügt. »Jedes Lager hat jeweils ein Motto und unseres ist dieses Jahr der Wilde Westen.« Sie zeigte auf den Eingang. »Hier vorne lassen wir unser Lager deshalb einem Fort gleichen und haben mit Schwartenbrettern eine Art Palisade oder Schutzmauer gebaut.«

»Sieht wirklich aus wie eine Festung«, sagte Matteo beeindruckt.

»Wartet, bis ihr das Innere seht! Kommt herein! Die anderen sind bereits zum Bachputzen aufgebrochen.«

»Bachputzen?«, fragte Lena.

»Ja, wir Pfadfinder helfen gerne und fragen oft bei den Gemeinden oder Grundstückbesitzern des Lagerplatzes an, was wir allenfalls arbeiten dürfen. In Bad Lärchenberg meinte man, wir sollten uns doch gleich um den Bach hier auf Herrn Bergers Grundstück kümmern und das Bachbett wieder mal so richtig säubern, damit es zu keinen Überschwemmungen komme.«

»Und so was nennt ihr Ferien?«, stöhnte Sam. Amélie verdrehte die Augen und bat Chat stumm um Entschuldigung.

Chat nahm es mit Humor. »Nun ja, das Bachbett-Säubern allein ist jetzt auch nicht meine Lieblingsbeschäftigung, aber das Tolle ist eben, dass wir alle zusammen etwas Sinnvolles tun, zehn Tage draussen sind und viel Spass haben!«

»Und weshalb bist du nicht mit den anderen zum Bach gegangen?«, fragte Matteo.

»Ich war auf dem Weg zu Bauer Berger, um Milch zu holen. Doch jetzt seid ihr dazwischengekommen.« Chat grinste. »Muss also noch erledigt werden, aber nun führe ich euch erst mal hier herum.«

Sie trat durch das Eingangstor und zeigte voller Stolz, wie auch der Rest des Lagerplatzes auf Wildwest getrimmt war. Beim

Gemeinschaftszelt, dem »Sarasani«, gab es beispielsweise eine auf beide Seiten schwingende Saloon-Tür und die jüngeren Teilnehmer hatten aus einem Ast und gestopften Socken eigene Steckenpferde gebastelt, die schön aufgereiht vor dem Küchenzelt an einer Art Tränke standen. In den Zelten sah man Cowboyhüte, Indianerfedern und weitere Verkleidungsutensilien und mitten auf dem Lagerplatz war ein grosser Baumstamm mit Schnitzereien aufgestellt worden.

»Das wird unser Totempfahl!«, erklärte Chat. »Mano hat hier schon mal begonnen. Er ist echt begabt!« Tatsächlich erkannte man bereits die Umrisse eines Adlers.

»Was ist dort hinten?« Sam zeigte auf eine Art Holzhäuschen, das ganz im Wildwest-Stil von vorne wie ein viel grösseres Haus aussah und mit »Latrine« beschriftet war.

»Die Latrine ist unser selbstgegrabenes WC – der ›Donnerbalken‹, wie wir auch sagen.«

»Ah, deshalb steht es etwas abseits.« Lena rümpfte gespielt die Nase. »Echt cool, Chat, was ihr da so alles gebaut habt! Wie lange seid ihr eigentlich schon hier?«

»Wir sind am Mittwoch angekommen und bleiben bis nächsten Samstag.«

Matteo registrierte zufrieden, dass noch fast eine Woche blieb, um Chat näher kennenzulernen.

»Führt hier nicht ganz in der Nähe die Rodelbahn durch?«, fragte Sam.

»Doch«, sagte Chat, »der Bach, den wir säubern, liegt unmittelbar daneben.«

»Dann könnten wir gleich mal nachschauen wegen des Astes«, meinte Sam.

Chat wurde eingeweiht. Sie war sofort Feuer und Flamme. Ohne zu zögern schlug sie vor, bei der Pfadfindergruppe vorbeizugehen, um alle zum Detektiveinsatz mitzunehmen.

Wenig später standen einundzwanzig Kinder und Jugendliche im Alter von zehn bis vierzehn Jahren und ihre fünf Leiterinnen und Leiter bei der Rodelbahn, wo Sam noch einmal erläuterte, worum es ging: »Wir suchen von hier an aufwärts nach einem Ast, der gleich neben den Schienen liegt und frisch abgebrochen oder abgesägt aussieht. Hier ist Kurve neun. Dort oben Kurve acht. Wir bewegen uns vorläufig nur hier dazwischen. Sobald jemand den Ast gefunden hat, suchen wir im näheren Umkreis nach Sägespuren. Okay? Danke euch schon jetzt für euren Einsatz!«

»Allzeit ...«, rief Chat fröhlich.

»... bereit!«, antwortete das Fähnlein Panther wie auf Kommando und scharte sich hinter ihre Leiterin.

»Sag mal, bist du hier eigentlich die Chefin?«, fragte Lena, die neben Chat herging.

»Nein, die fünf älteren Pfadfinder dort drüben bilden unser Leitungsteam. Ich bin Leitpfadfinderin des Fähnleins Panther und Mano ist Hilfsleitpfadfinder.«

»Verstehe ... au, doofes Gestrüpp!« Lena entfernte eine Dornenranke, die sich an ihrem Hosenbein verhakt hatte, und stapfte schimpfend weiter.

Eine Viertelstunde verging. Es wurde eifrig gesucht und kaum gesprochen.

»Ich habe ihn!«, schrie eine jüngere Pfadfinderin plötzlich. Sofort eilten alle zu ihr und bildeten einen Kreis um sie. Tatsächlich lag da ein dicker Ast gleich neben der Bahn. Mano kniete sich hin. Er stellte fest, dass es sich hier um einen kleinen Baum und keinesfalls nur um einen Ast handle. »Da wurde eine junge Buche abgebrochen oder umgesägt«, bemerkte er fachmännisch. »Wenn ich es mir genau ansehe, würde ich auf angesägt und dann abgerissen tippen.«

Lena kombinierte blitzschnell. »Dieser kleine Baum ist etwa drei Meter lang. Wenn er natürlicherweise auf die Rodelbahn gefallen sein soll, müssen wir im Umkreis von höchstens drei Metern den Strunk des Stammes finden, ansonsten ...«

»... ist klar, dass jemand nachgeholfen haben muss«, vollendete Mano den Satz und war bereits daran, den Waldboden nach einem armdicken, abgebrochenen Stamm abzusuchen.

»Hier drüben hat es ein Gegenstück, das passen könnte!«, rief Chat wenig später. Mano schleppte die abgesägte Buche heran und stellte sie mit Sams Hilfe auf den von Chat gefundenen unteren Teil des Baumes.

»Die passen perfekt!«, rief Mano. Er untersuchte den Waldboden neben dem kleinen Strunk. »Und seht hier, winzige Sägespäne! Da wurde gesägt und dann geknickt, wie ich es gesagt habe.«

Chat schätzte die Distanz zur Rodelbahn. »Das sind etwa zehn Meter! Falls dieser Baum nicht plötzlich fliegen konnte, wurde er von jemandem auf die Bahn gelegt.«

Lena wandte sich an die Pfadfindergruppe: »Hört mal, ihr campiert ja hier gleich nebenan. Ist euch niemand aufgefallen, der kürzlich hier durchgekommen ist?«

»Wir sind seit Mittwoch im Lager und ich bin in diesen fünf Tagen noch niemandem begegnet«, sagte Mano. »Hier wandert niemand durch.«

Einer der jüngsten Pfadfinder meldete sich: »Doch. Ich ging heute um sieben Uhr zur Latrine. Und da waren zwei Jugendliche auf dem Weg dort ...«

»Wie sahen sie aus?«, unterbrach ihn Sam.

»Sie sahen genau gleich aus.«

»Gleich wie wer?«

»Na, der eine sah gleich aus wie der andere.«

»Ole und Alrik!«, rief Sam triumphierend. »Die Hansen-Zwillinge!

Der rettende Himbeerpfosten

»Einmal mehr die Söhne von Baulöwe Hansen.« Sam ballte die Fäuste. »Es ist ja bestimmt kein Zufall, dass die beiden heute Morgen genau dort oben im Wald auftauchten.«

Die MounTeens hatten sich nach dem gemeinsamen Suchen des gefällten Baumes von den Pfadfindern verabschiedet und waren zum Mittagessen nach Hause gegangen. Matteo hatte wie so oft bei Sam essen dürfen, um nicht mehrmals am Tag zwischen der Lärchenalp und Bad Lärchenberg hin- und herpendeln zu müssen. Nun standen die MounTeens an der Talstation der Gondelbahn, wo sie sich um halb drei verabredet hatten.

»Was wohl Ole und Alrik veranlasst hat, heute Morgen früh einen kleinen Baum auf die Rodelbahn zu legen? Die haben doch letztes Wochenende selbst am lautesten geschimpft, als die Bahn wegen des Unfalls geschlossen wurde und sie nicht mehr hinunterrodeln konnten.« Matteo schüttelte den Kopf.

»Du kennst sie ja«, bemerkte Amélie seufzend. »Ist in der Schule nicht anders, oder?«

Tatsächlich waren die sechzehnjährigen Hansen-Zwillinge immer dabei, wenn es irgendwo nach Ärger roch. Die Neuntklässler, die mit ihrer Statur und dem bereits sichtbaren leichten Bartwuchs auf dem Pausenplatz auffielen wie bunte Hunde, waren deshalb schon unzählige Male vom Schulleiter ins Büro zitiert und verwarnt worden. Dank dem Einfluss ihres Vaters, der im

Gemeinderat sass, blieb es aber jeweils bei harmlosen Konsequenzen.

»Du meinst, sie langweilten sich in den Ferien, und da sind sie um sechs aufgestanden, um dort hochzuwandern?« Sam deutete zur Rodelbahn. »Sie schleichen also am Morgen früh unbemerkt aus dem Haus, damit sie einen Baum auf die Bahn legen können? Reichlich seltsam, wenn ihr mich fragt.«

Matteo hakte nach: »Was genau findest du daran unwahrscheinlich?«

»Erstens würden die nicht freiwillig so früh aufstehen und sich eine halbe Stunde den Berg hoch mühen, wenn es sich nur um einen Streich handelte«, führte Lena Sams Argumentation weiter, »und zweitens hätte das doch jemand in der Familie Hansen bemerken und Fragen stellen müssen.«

Die MounTeens hatten sich auf den Weg zum Haus der Hansens gemacht. Was genau sie dort tun sollten, wussten sie noch nicht. Einfach mal ein bisschen herumschnüffeln, hatte Sam vorgeschlagen. Die Nachmittagssonne brannte unerbittlich und es ging kein Lüftchen, sodass bald alle gehörig schwitzten.

»Ist es das hier?« Amélie zeigte auf ein grosszügiges Anwesen auf der gegenüberliegenden Strassenseite. Das Haus war hinter den als Sichtschutz gepflanzten Büschen und kleinen Bäumen kaum auszumachen.

»Ja, hier hat Peter Hansen eine Burg für sich und seine Familie gebaut.« Aus Lenas Worten sprach Abneigung.

»Was hast du gegen die Hansens?«, fragte Amélie, die Lenas Unterton nicht überhört hatte. Sie pustete sich eine Haarsträhne aus den Augen und band sich ihre Haare zu einem neuen Pferdeschwanz. Fasziniert beobachtete Sam ein Schweisströpfchen, das an Amélies Hals hinunterlief.

»Von meiner Mutter höre ich selten Gutes über Herrn Hansen. Sie kennt ihn ja vom Gemeinderat.« Lena verdrehte die Augen.

»Was tut er denn Falsches?«, fragte Sam abwesend. Sein Blick folgte dem Schweisströpfchen, bis es in Amélies Ausschnitt verschwand.

»Nichts Konkretes, aber er ist einfach immer auf seinen eigenen Vorteil aus. Wenn es irgendwo einen Auftrag zu ergattern gibt und er ein Geschäft riecht, kenne er kein Pardon, sagt meine Mutter.«

Sam hörte kaum hin. Amélies weisses T-Shirt war leicht über ihre Schulter gerutscht und sein Blick blieb am nun sichtbaren hellblauen BH-Träger hängen.

»Träumst du? Oder was starrst du so?« Amélie zupfte sich das T-Shirt zurecht.

»Ich ... habe nur ... über etwas nachgedacht«, stotterte Sam verlegen. Als er Amélies hochgezogene linke Augenbraue und ihr Lächeln sah, verzog er sein Gesicht zu einem schüchternen Grinsen. »Und ja, auch ein wenig geträumt.« Amélie schaute verlegen zu Boden.

Matteo und Lena wechselten vielsagende Blicke, schwiegen aber.

»Was sagtest du gerade, Lena?« Sam war plötzlich wieder in die Realität zurückgekehrt und fühlte sich so voller Tatendrang wie schon lange nicht mehr.

»Dass Herr Hansen kein Pardon kenne, also alles tue, um Bauaufträge zu ergattern.«

Ein Auto war in die Quartierstrasse eingebogen. Lena hielt sich die Hand über die Augen, um gegen die Sonne etwas erkennen zu können. »Schnell weg hier! Hinter diese Mauer, bevor er uns sieht!«

»Wer ist es denn, Lena?«, fragte Matteo flüsternd, nachdem sich alle versteckt hatten und nun vorsichtig über den Mauerrand lugten.

Ein weisser Jaguar fuhr im Schritttempo vorbei. Die getönten Scheiben liessen nicht erkennen, wer am Steuer sass.

»Makarenko!«, erwiderte Lena leise. Der Wagen hatte fast angehalten und bog nun langsam in die Auffahrt zu Hansens Anwesen ein. Vor dem geschlossenen Tor blieb der Jaguar stehen und die Fahrertür des Luxusschlittens öffnete sich. Ein kräftiger, sportlicher Mann mit kahlrasiertem Schädel, schwarzer Sonnenbrille und dunklem Anzug stieg aus, um den Klingelknopf neben dem gusseisernen Tor zu drücken.

»Der sieht aber nicht aus wie Makarenko«, bemerkte Matteo skeptisch.

»Das ist Sergej, sein Chauffeur und Bodyguard. Makarenko fährt selten selbst.« Lena kniff die Augen zusammen. »Er dürfte aber auch im Wagen sitzen, denn Sergej spricht mit jemandem.«

»Was wollen die beiden hier?«, fragte Sam, während er zusah, wie sich das Tor langsam öffnete.

»Makarenko ist reich, Hansen hat eine Baufirma.« Lena lachte verächtlich. »Die Antwort liegt wohl auf der Hand, oder?«

Sergej war wieder eingestiegen und fuhr den Wagen nun die kurze Zufahrt hoch. Mehr konnten die MounTeens nicht sehen, da sich das Tor leise wieder geschlossen hatte.

»Was will er denn bauen?«, fragte Matteo.

»Das würde ich auch gerne wissen!«, seufzte Lena. »Mama meint ja, es sei gut für Bad Lärchenberg, wenn jemand Geld in neue Bauprojekte stecke, aber mir ist der Kerl nicht geheuer.«

»Seht mal, oben auf der Terrasse«, sagte Sam. »Es scheint, als ob die ihre Besprechung draussen abhalten!« Die MounTeens konnten den oberen Teil des Hauses über die Büsche gut sehen und beobachteten, wie Makarenko und Sergej auf der Terrasse in der ersten Etage am Tisch Platz nahmen. Hansen öffnete einen grossen Sonnenschirm, verschwand kurz im Haus und kehrte mit Getränken zurück.

»Ich gehe dorthin.« Lena stand auf.

»Bist du verrückt?« Amélie hielt ihre Freundin zurück.

»Ich muss hören, was die im Schilde führen. Meine Mutter ist da viel zu naiv. Die glaubt einfach alles, was Makarenko ihr für

Bad Lärchenberg verspricht.« Sie zwinkerte Amélie zu. »Und es ist auch sonst gut, allenfalls etwas gegen ihn in der Hand zu haben, falls meine Mutter plötzlich ernsthaft nach einem neuen Mann im Leben Ausschau halten will. Den Typen möchte ich jedenfalls trotz weissem Jaguar nicht als Ersatzvater!«

»Dennoch solltest du nicht alleine dort rübergehen«, mischte sich nun Matteo ein.

»Ich komme mit«, sagte Sam bestimmt.

»Wie unauffällig!«, spottete Lena. »Wir können auch alle vier etwas im Garten rumspazieren. Nein, ich gehe alleine. Falls ich erwischt würde, könnte ich immer noch sagen, meine Mutter hätte mich geschickt, um Makarenko etwas ausrichten zu lassen. Mir fällt dann schon eine Notlüge ein.«

Bevor jemand widersprechen konnte, huschte Lena über die Strasse, kroch neben dem Tor durch das dichte Gebüsch, wobei sie sich Arme und Beine aufkratzte, und spähte auf der anderen Seite vorsichtig hinaus. Es waren nur fünfzehn Meter über den Rasen bis zur Hausmauer, aber die drei Männer auf der Terrasse würden wohl jede Bewegung unten auf dem Rasen registrieren. Wie konnten sie abgelenkt werden? Lena überlegte fieberhaft. Das wars! Sie zückte ihr Handy, suchte Hansens private Telefonnummer und klickte drauf. Einen Augenblick später war durch die offene Terrassentür das Klingeln des Telefons zu hören. Lena sah, wie Hansen aufstand und die beiden anderen Männer ihm nachschauten.

Jetzt! Lena sprintete los. Die fünfzehn Meter schienen unendlich lang zu sein. Wenn Makarenko und Sergej bloss nicht nach unten schauten! Sie rannte über den Rasen, sprang über ein schmales Blumenbeet und drückte sich mit pochendem Herzen an die Hauswand. Nun war sie zwar von oben nicht mehr zu sehen, aber jeder, der das Tor öffnete, würde sie sofort entdecken. Also schnell weg da! Lena beschloss, das Haus zu umrunden und sich der Terrasse von hinten zu nähern. Sie schlich der Vorderseite entlang und spähte um die Ecke. Im Gemüsegarten war niemand. Gut, dann weiter zur Rückseite!

»Aah!« Lena schrie entsetzt auf. Gleich hinter der Hausecke stand ein knurrender Hund mit gesträubtem Fell! Ihr Herz setzte einen Moment aus. Ein Dobermann! Sein Knurren schlug in ein gefährliches Zähnefletschen um.

»Ruhig, Hund«, flehte Lena ihn mit gedämpfter Stimme an, aber ihre Angst liess den Dobermann nur noch gereizter werden. Seine Sehnen spannten sich. Gleich würde er zum Sprung ansetzen, dachte Lena panisch. Sie suchte verzweifelt nach einer Möglichkeit, dem Angriff zu entkommen.

Zu spät! Der Dobermann machte zwei Schritte auf sie zu. Ihr blieb nichts anderes übrig, als um ihr Leben zu laufen. Lena rannte los. Der Hund startete zeitgleich.

Sie schlug einen Haken. Der Dobermann flog an ihr vorbei. Erst jetzt sah sie, dass er eine Leine trug, die an einem Ring an der Hauswand festgemacht war. Wie weit reichte diese Leine?

Sie hechtete über das Beet mit den Salatköpfen hinweg und zwängte sich durch die Himbeerstauden, die mit Drähten zwischen zwei Pfosten hochgebunden waren.

Der Hund hatte sich blitzschnell umgedreht und raste erneut auf sie zu.

Sie würde nicht mehr entkommen können, ging es Lena durch den Kopf, bevor sie ihre Arme schützend vors Gesicht hielt.

Der Hund preschte heran, machte einen gewaltigen Sprung und öffnete die Schnauze, um seine Zähne in Lenas Oberschenkel zu schlagen. Da spannte sich die Leine und der Dobermann wurde jäh zurückgeworfen.

Lena öffnete ihre Augen. Sie war kreidebleich und zitterte am ganzen Körper. Der Himbeerpfosten hatte sie gerettet! Er hatte dafür gesorgt, dass die Leine nicht bis zu ihr reichte.

Der Dobermann war sofort wieder auf den Beinen, zog und zerrte fuchsteufelswild an der Leine und bellte dazu ohrenbetäubend laut!

Schnell weg hier, dachte Lena. Es dauerte bestimmt nicht lange, bis jemand nachschauen kam, was los war. Sie rannte zum Gartenhäuschen, schlüpfte durch die offene Tür und versteckte sich unter einem Tisch hinter Kisten und Kartonschachteln. Keinen Moment zu früh! Bereits waren Schritte und Hansens Stimme zu hören.

»Ferro, ruhig!«, sagte er bestimmt. »Was ist los, mein Junge?« Der Hund bellte weiter.

NASA

Wenn er ihn bloss nicht von der Leine liess! Lena schickte ein Stossgebet zum Himmel. Was hatte sie sich nur dabei gedacht, sich hinter ein paar Kisten zu verbergen? Lachhaftes Versteck für einen Hund! Sie hätte durch die Hecke springen und sich schleunigst vom Grundstück entfernen müssen!

»Ferro, was ist da im Gartenhaus?«

Lenas Atem stockte. Sie spürte Angstschweiss auf der Stirn.

»Ein verirrtes Kätzchen wie letzte Woche? Nun hör schon auf zu bellen!« Der Dobermann beruhigte sich aber nicht.

Hansen betrat das Gartenhaus. Lena hielt die Luft an. Er stand höchstens einen Meter von ihr entfernt. Sie starrte wie gebannt auf seine weissen Sportschuhe.

Bitte, lass ihn nicht unter den Tisch schauen! Lena biss sich auf die Lippen und schloss die Augen. Jetzt nur nicht bewegen!

»Da ist nichts, Ferro! Nicht einmal ein Kätzchen, du doofer Hund!«

Lena hörte, wie sich die Schritte entfernten und Hansen ins Freie trat. Sie atmete tief durch. Eigentlich voll schräg, dachte sie mit einem Anflug von Galgenhumor, dass sich die Leute Wachhunde hielten, wenn sie ihrem Bellen dann doch nicht vertrauten. Ihr konnte es aber im Moment nur recht sein.

»Willst du nun wohl still sein, Ferro! Ich habe Gäste.« Es half nichts. Der Dobermann bellte weiter.

Hansen redete zunehmend genervt auf seinen Hund ein, bis ihm der Geduldsfaden endgültig zu reissen schien. »Ab in den

Keller mit dir!«, hörte Lena ihn sagen. Wenig später fiel eine Tür ins Schloss. Das Gebell war nur noch sehr gedämpft zu hören. Dann verstummte es ganz.

Lena stand auf, klopfte sich Staub und Dreck von den Jeans und putzte ihre Brille. Ihr Herzschlag normalisierte sich langsam wieder – das war knapp gewesen!

Lauschangriff

Sie machten sich Sorgen. Zwischen den Ästen hindurch hatten Matteo, Amélie und Sam knapp erkennen können, dass sich Lena an der Hauswand entlanggeschlichen hatte. Kurz darauf war im Garten der Hansens der Teufel losgewesen.

»Hoffentlich ist Lena nicht entdeckt worden!«, sagte Sam.

»Bestimmt ist sie entdeckt worden – zumindest von einem Hund!«, erwiderte Matteo ärgerlich. »Wir hätten sie nicht alleine gehen lassen sollen!«

»Ich hoffe, der Hund hat Lena nichts getan«, wisperte Amélie. Der Schreck stand ihr ins Gesicht geschrieben.

»Bestimmt nicht«, versuchte Sam sie zu beruhigen. »Hunde, die bellen, beissen nicht. Sagt man.«

Amélie war nicht überzeugt. »Jetzt bellt er ja eben nicht mehr. Unheimlich diese Stille.«

»Schaut mal«, sagte Matteo. »Hansen ist zurück auf der Terrasse. Er muss den Hund eingesperrt haben. Hätte er Lena im Garten entdeckt, würde er nicht schon wieder mit den Gästen plaudern.«

Sam kniff die Augen zusammen. »Dort unterhalb der Terrasse bei der Garage bewegt sich etwas. Ist sie das?«

Lena hatte sich nach kurzem Durchatmen aus ihrem Versteck im Gartenhaus gewagt und sich an der Rückseite des Hauses an der leeren Hundehütte vorbeigeschlichen. Nachdem sie vorsichtig um die Hausecke geschaut hatte, drückte sie sich nun an die Seitenwand der angebauten Garage, auf welcher sich die Terrasse des Einfamilienhauses befand. Durch die Bäume erkannte sie das Nachbargrundstück mit der Mauer, hinter der sich ihre Freunde versteckten. Gerade jetzt schob sich wieder ein Kopf über den Mauerrand. Sam! Ob er sie wohl sehen konnte? Sie hob einen Daumen, um zu zeigen, dass alles in Ordnung war, dann konzentrierte sie sich auf das nur knapp hörbare Gespräch über ihr.

»Thomas wird ... helfen.« Lena verstand nicht alles, was Makarenko sagte. »Und ich ... bezahlen.«

Mist! Wovon sprach er? Lena ärgerte sich, dass einige entscheidende Worte nicht bis zu ihr gedrungen waren. Sie hörte, wie angestossen wurde.

Hansen erhob die Stimme: »Auf unser Projekt! Und lass dich nicht erwischen, Viktor!« Sie lachten.

»Ich tue ja nichts Unrechtes, Peter!« Makarenko war wieder besser zu verstehen. Der Wind musste gedreht haben. »Mit meinem Geld kann ich tun und lassen, was ich will.«

»Ja, schon. Aber du weisst ja, wie die Leute reden würden, wenn das auskäme ...«

Was führten die im Schilde? Lena hätte die Männer am liebsten zur Rede gestellt. Ihre Überheblichkeit widerte sie an. Die dachten wohl, ihnen gehöre die Welt, weil sie reicher waren als andere!

Auf der Terrasse über ihr wurden Stühle gerückt.

Lena wartete, bis sie keine Schritte mehr hörte. Jetzt mussten sie alle im Haus sein. Zeit, sich aus dem Staub zu machen, bevor Hansen den Hund wieder in den Garten liess oder selbst hier unten auftauchte.

Sie sprintete über den Rasen zum Gebüsch, welches das Anwesen der Hansens vom Nachbargrundstück trennte. Niemand schien sie entdeckt zu haben! Lena hob schützend ihre Arme, zwängte sich durch die Hecke und trat auf den fein säuberlich getrimmten Rasen der Nachbarn.

Sie blieb stehen. Was surrte denn da?

Aus den Augenwinkeln nahm sie eine Bewegung wahr. Lena zuckte zusammen. Nicht schon wieder ein Hund! Nein ... nur ein Rasenmähroboter! Sie atmete erleichtert aus und vergewisserte sich, dass ausser ihr selbst und dem automatischen Schaf, wie ihre Mutter diese Mäher scherzhaft nannte, niemand im Garten war. Erst jetzt entspannte sie sich ein wenig. Sie wartete, bis sich ihr Puls beruhigt hatte, und ging dann so natürlich wie möglich durch den fremden Garten. Falls sie jemand entdecken würde, sollte es jedenfalls nicht so aussehen, als wolle sie hier einbrechen oder sonst etwas Verbotenes tun.

Ein Mann trat ihr in den Weg. »Was hast du hier verloren?«, knurrte er.

Lena erstarrte. Wo war der nun hergekommen? Er musste sich hinter dem kleinen Gartenpavillon befunden haben. Sie betrachtete ihn genauer. Der ältere Mann trug grüne Arbeitskleidung und eine Schirmmütze, auf der sich das Logo des einheimischen Gartenbauers befand.

»Ich ... ich ...«, stotterte Lena. Warum wollte ihr ausgerechnet jetzt keine passende Ausrede einfallen? Der Mann beäugte sie argwöhnisch.

»Lena, hast du den Ball gefunden?« Matteo stand an der Gartenmauer. »Oder soll ich dir helfen?«

Schlauer Kerl! Lena straffte ihre Schultern. »Nein«, rief sie ihm zu und trieb das Spiel weiter, »er muss auf der anderen Seite der Hecke sein!« Sie wandte sich dem Gartenbauer zu. »Wissen Sie, wir haben Fussball gespielt und dachten, der Ball sei durchs Gebüsch gerollt, aber er ist wohl doch noch irgendwo drüben bei den Hansens.«

»Ach so, dann entschuldige!«, murmelte der Mann und lächelte sogar ein wenig. »Ich werfe ihn rüber, falls er hier auftauchen sollte.«

»Das ist nett«, entgegnete Lena, verabschiedete sich und stand kurz darauf neben Matteo auf der Strasse.

»Danke! Das war eine gute Idee!«

»Wir haben die Szene von unserem Versteck aus beobachtet. Der Mann arbeitete schon die ganze Zeit dort im Garten, aber du konntest ihn nicht sehen. Wir haben noch versucht, dich mit Handzeichen zu warnen.« Sam und Amélie waren hinzugetreten.

»Wie siehst denn du aus? Du bist ganz zerkratzt!« Amélie berührte eine von Lenas zahlreichen Blessuren am Arm.

»Stammen die vom Köter?«, fragte Sam und biss sich sogleich auf die Lippen. Die Wortwahl war wohl nicht besonders feinfühlig gewesen.

Lena grinste. »Nein, der hat mich nicht erwischt. Aber das Gebüsch ist mindestens ebenso gefährlich wie dieser doofe Wachhund!«

Alle lachten.

»Hast du ihn erschlagen oder vergiftet?«, witzelte Sam. »Plötzlich war es jedenfalls so ruhig im Garten.«

»Das ist nicht lustig!« Amélie schaute Sam strafend an. »Sie hätte verletzt werden können!« Sie wandte sich an ihre Freundin: »Wie bist du ihm entkommen? Und was hast du vom Gespräch gehört?«

Lena erzählte alles der Reihe nach, während sich die MounTeens auf den Rückweg machten.

»Kennt ihr einen Thomas?«, fragte Matteo, nachdem Lena die aufgeschnappten Gesprächsfetzen so genau wie möglich wiedergegeben hatte.

»Ich kenne niemanden, der Thomas heisst, aber ich werde meine Mutter fragen.« Amélie war sich sicher, dass ihre Mutter, die das Friseurgeschäft »Cut and Style« führte, ihnen weiterhelfen konnte.

»Gute Idee«, pflichtete Sam ihr bei. Lou Richards Wissen über das Stadtgeschehen war den MounTeens schon mehrfach hilfreich gewesen.

»Es klang so, als wollten Hansen und Makarenko mit Hilfe dieses Thomas etwas Unrechtes tun«, nahm Lena den Faden wieder auf.

»Dazu muss Makarenko Geld bezahlen, was aber niemand erfahren soll.«

»Ich spekuliere mal wild«, sagte Matteo. »Das Projekt, wovon sie gesprochen haben, ist ein Bauprojekt für Hansen. Dieser wiederum schickt seine Söhne aus, um die Rodelbahn zu sabotieren. Was ist, wenn das alles miteinander zu tun hat?«

»Du meinst, Hansen weiss davon, dass Ole und Alrik heute Morgen dort oben waren?« Amélie legte den Kopf schief. »Das würde dann bedeuten, dass er den Bergbahnen von Bad Lärchenberg schaden will. Welchen Sinn ergibt das?«

Matteo lächelte triumphierend: »Ich denke, dass Hansen daraus einen Vorteil ziehen würde, weil ihm Makarenko einen Bauauftrag versprochen hat, falls er die Bergbahnen aufkaufen kann.«

»Du meinst ... beispielsweise eine neue Gondelbahn?«, fragte Sam.

»Keine Ahnung. Wohl eher keine Bahn. Dafür gibt es andere Unternehmen. Aber irgendein Gebäude oder so.«

»Du hast recht.« Lena nickte. »Hansen verspricht sich gute Geschäfte von Makarenkos zunehmendem Einfluss in der Stadt. Da schreckt er nicht davor zurück, seine Söhne dafür einzuspannen.«

»Apropos Söhne, die wollten wir uns doch eigentlich vorknöpfen.« Sam schlug mit der Faust in seine flache Hand.

»Aber sicher nicht so, wie du dir das vorstellst.« Amélie sah ihn mitleidig an. »Hättest du dich echt mit den Zwillingen schlagen wollen?«

»Nun ja ... vielleicht schon«, gab Sam kleinlaut zu.

Amélie schüttelte den Kopf. »Zum Glück habt ihr Jungs noch uns Mädels dabei, sonst wäre der Anteil an Hirn bei den MounTeens definitiv kleiner.«

Leicht beleidigt schlurften Matteo und Sam die nächsten Minuten einen halben Meter hinter den Mädchen her.

»Ich will die einfach damit nicht davonkommen lassen«, bemerkte Sam trotzig.

»Ich auch nicht«, sagte Lena in versöhnlichem Ton. »Aber wir müssen das anders lösen. Makarenko ist der Schlüssel zum Ganzen. Und der soll nicht merken, dass wir ihm auf der Spur sind.«

»Wenn man vom Teufel spricht«, zischte Sam. »Dreht euch nicht um. Makarenkos Wagen ist gleich hinter uns.«

Der weisse Jaguar fuhr langsam an den MounTeens vorbei, bog aber nicht wie erwartet auf die Hauptstrasse ein, sondern auf eine andere Quartierstrasse.

»Was will Makarenko am Haldenweg?« Lena runzelte die Stirn. »Da ist weder sein Hotel noch sonst etwas, das einen Millionär interessieren könnte.«

»Hinterher!« Sam hatte vergessen, dass er eigentlich eingeschnappt sein wollte. Er rannte zur Abzweigung, um zu sehen, wo Sergej hinfuhr. »Das ist eine Sackgasse. Falls sich der Bodyguard nicht verfahren hat, will er wohl tatsächlich irgendwo am Haldenweg stoppen. Los, kommt!«

»Stress nicht, dafür ist es heute zu heiss!«, stöhnte Lena. Sie war die einzige etwas weniger Sportbegeisterte unter den MounTeens. Amélie hatte schon einige Male versucht, sie zum Joggen zu bewegen, aber bisher musste sie ihr Lauftraining jeweils alleine absolvieren. Sam hätte Amélie nur zu gerne begleitet, traute sich jedoch nicht, da sich sonst in der Schule alle das Maul zerreissen würden. Die Sprüche darüber, warum er denn nicht mit Amélie zusammen sei, nervten ihn so schon zur Genüge.

Die MounTeens gingen den Haldenweg entlang. Es war jene Gegend Bad Lärchenbergs, wo die weniger wohlhabenden Leute wohnten. Etwas ältere, drei- bis vierstöckige Häuser mit Mietwohnungen säumten die Strasse auf beiden Seiten.

»Schaut, da vorne!«, raunte Sam den anderen zu. »Da steht ja der Luxusschlitten.«

»Der passt so überhaupt nicht hierhin«, stellte Matteo fest.

»Achtung, Makarenko ist noch im Wagen!« Lena blieb stehen. »Ich habe eine Bewegung gesehen. Wir sollten nicht mehr weitergehen, damit wir den beiden nicht auffallen.«

Die MounTeens wählten den Schatten eines nahen Hauseingangs, um von dort aus das Auto im Auge zu behalten.

Wenig später beobachteten sie, wie sich die Türen des Jaguars öffneten. Sergej und Makarenko stiegen aus und gingen auf ein recht schäbiges Mehrfamilienhaus zu. Der Bodyguard drückte auf einen Klingelknopf. Einige Sekunden vergingen, bis offenbar der automatische Türöffner betätigt wurde und die beiden ins Treppenhaus treten konnten.

»Schnell, lass uns sehen, wer da wohnt!« Sam war schon fast weg, aber Matteo hielt ihn zurück.

»Bleib hier! Dort stellt nämlich gerade jemand sein Rad vor der Tür ab: Ryan Beck, dein Lieblings-Mitschüler.«

Wohl eher Amélies Liebling, dachte Sam und spürte, wie seine Brust eng wurde. »Scherzkeks!« Er boxte Matteo freundschaftlich in den Oberarm. »Dem muss ich nun wirklich nicht begegnen.«

»Es ist wohl kein Zufall, dass ausgerechnet er hier auftaucht.« Lena hatte ihr Handy gezückt. »Ich suche mal kurz im Internet, ob er hier wohnt!«

»Was hackt ihr nun wieder auf dem armen Ryan herum? Ich finde den voll nett!« Amélie wandte den anderen demonstrativ den Rücken zu und schmollte.

»Erkennt ihr die Nummer des Hauses, wo Ryan und unsere lieben Russen gerade hineingegangen sind?«, fragte Lena, wobei sie den Blick nicht vom Display löste.

»Neunzehn«, sagte Matteo.

»War klar.« Lena nickte. »Ich habe eine Familie Beck, die am Haldenweg 19 wohnt. Und ratet mal, wie der Vater heisst?«

Amélie wandte sich wieder den anderen zu. »Aber doch nicht etwa ...?«

»Doch, ganz genau. Herr Beck heisst mit Vornamen Thomas.«

Die Metallschlange

»Kommt es euch auch weiter vor als gestern?«, stöhnte Sam. Er hielt an und atmete durch.

»Du wolltest ja unbedingt Amélies Schlafsack noch bei dir obendrauf packen.« Matteo lachte und zeigte auf Sams grossen Rucksack.

»Nett von dir, Sam!«, flötete Amélie und schenkte ihm einen übertrieben dankbaren Augenaufschlag.

»Mach ich gerne«, sagte Sam. »Daran liegt es ja sicher nicht. Eher an der Hitze – und das bereits morgens um zehn.«

Matteo liess den Blick über das Tal und Bad Lärchenberg gleiten. »Tolle Farben, schaut mal!« Er zeigte auf den kleinen See, den die Morgensonne und der wolkenlose Himmel in wunderschönen Blau- und Grüntönen leuchten liessen.

Sam nickte. »Ja, die Aussicht belohnt einen für die Plackerei! Und zum Zelten ist es natürlich toll, dass der Sommer so heiss und trocken ist.«

Lena deutete zu Bergers Bauernhof. »Es ist auch nicht mehr weit. Aber ja, mit der ganzen Campingausrüstung auf dem Rücken scheint mir der Weg heute tatsächlich länger.«

Die MounTeens hatten sich am Vortag nach der Beobachtung am Haldenweg voneinander verabschiedet und sich für neun Uhr am nächsten Morgen an der Talstation der Rodelbahn verabredet. Lena war den ganzen Abend damit beschäftigt gewesen, das

Internet nach Verbindungen zwischen Thomas Beck, Viktor Makarenko und Peter Hansen zu durchforsten. Gefunden hatte sie allerdings nichts. Und auch die vorsichtige Nachfrage bei ihrer Mutter, ob sie Beck kenne, hatte keine neuen Erkenntnisse gebracht. Ryans Vater schien bisher auf Gemeindeebene noch nie in Erscheinung getreten zu sein.

»Ich habe meine Mutter gestern übrigens auch gefragt, ob sich Hansen und Makarenko kennen.« Lena öffnete Bergers Gartentor. »Sie meinte, die seien in letzter Zeit die dicksten Freunde geworden und Makarenko plane wohl, Hansen einige Bauaufträge zu geben, falls er hier bei den Bergbahnen einsteigen könne.«

Sam nickte grimmig. »Ja, genau das haben wir gedacht! Und deshalb schickt Hansen seine Söhne zum Sabotieren der Bahn.«

Sie gingen durch den kleinen Garten vor Bergers Haus.

Amélie senkte die Stimme: »Ich habe übrigens News aus dem Friseursalon. Herr Beck lässt sich nämlich regelmässig von meiner Mutter die Haare schneiden. Letzte Woche hat er offenbar gross herumerzählt, die Bergbahnen wegen Ryans Rodelunfall verklagen zu wollen. Meine Mutter meinte aber, er könne sich die Anwaltskosten kaum leisten.«

Lena schlug die Hände über dem Kopf zusammen und blieb kurz vor Bergers Haustür stehen. »Das ist sie!«

»Was ist wer?«, fragte Sam. »Du sprichst in Rätseln.«

»Denk nach, das ist die Lösung! Die Klage ist Thomas‘ Hilfe, von der Makarenko auf der Terrasse gesprochen hat.«

»Du meinst«, hakte Matteo nach, »dass Makarenko die Klage von Beck gegen die Bergbahnen unterstützt?«

»Ganz genau.« Lena nickte eifrig. »So passen die einzelnen Puzzleteile und Wortfetzen, die ich gehört habe, zusammen. Makarenko gibt Beck Geld, damit dieser die Klage gegen die Bergbahnen einreicht. Falls Ryans Vater gewinnen sollte, führt das sicher zu einer Zahlung von Schmerzensgeld, aber noch schlimmer ist wohl der Image-Verlust für die Rodelbahn und die Bergbahn. Das wird sie komplett ruinieren.«

Sam kombinierte weiter. »Und dann kann Makarenko die Bergbahnen zum Spottpreis übernehmen, weil sie sonst Konkurs gehen.« Er überlegte. »Deshalb sagte Makarenko zu Hansen, er tue ja nichts Unrechtes, wenn er jemandem Geld gebe.«

»Und Hansen meinte, es würde aber schlecht über den zukünftigen Investor geredet, wenn das auskäme.«

Die MounTeens standen vor Bergers Haustür.

»Was tun wir jetzt?«, fragte Sam.

»Ihr geht am besten dort hinten euer Zelt aufstellen. Ich habe es euch ja bereits gestern erlaubt.« Bauer Berger lächelte verschmitzt. Er hatte die MounTeens kommen sehen, die Tür geöffnet und gerade noch Sams Frage gehört. »Was wolltet ihr weiter von mir wissen?«

Die MounTeens sahen einander amüsiert an. Bauer Berger schien zum Spassen aufgelegt zu sein. Tags zuvor hatte er auf sie einen eher mürrischen Eindruck gemacht.

»Eigentlich wollten wir uns bloss noch einmal bedanken und Ihnen Bescheid geben, dass wir nun hier sind«, antwortete Lena.

Matteo hatte eine Idee: »Zudem möchten wir Sie fragen, ob Ihnen bei der Rodelbahn etwas Verdächtiges aufgefallen ist, schliesslich führt die Bahn ja über Ihr Land, oder?«

Bergers Lächeln verschwand. Es war, als ob jemand bei ihm einen Schalter umgekippt hätte. Sein Blick wurde leer. »Ja, sie führt über mein Land«, sagte er bitter. »Diese elende Metallschlange!«

Ohne es zu merken, wichen die MounTeens ein wenig zurück. Plötzlich ging von Bauer Berger eine Kälte aus, die Angst machte. Amélie fröstelte beim Anblick von Bergers verändertem Gesichtsausdruck.

»Tut ... mir ... leid, dass ich das ... angesprochen habe«, stotterte Matteo. »Ich wusste ja nicht ...«

»Mach dir nichts draus, Junge!« Bergers Miene hatte sich wieder aufgehellt. »Du kannst ja nichts dafür. Aber warum fragst du nach verdächtigen Ereignissen bei der Rodelbahn?«

»Wir haben gehört, dass gestern Morgen gleich hier oben etwas sabotiert wurde.«

Berger grinste schelmisch und blickte auf Bad Lärchenberg hinunter. »Geschieht ihnen recht.« Er wandte sich an Matteo. »Du musst wissen, dass nicht alle so begeistert waren wie die lieben Leute von der Gemeinde. Mich hat man richtiggehend gezwungen, mein Land zu verkaufen. Ja, es wurde Geld bezahlt, aber wenn ich das Land nicht quasi freiwillig hergegeben hätte, wäre ich bestimmt enteignet worden.« Er lachte verächtlich. »Und dann sagt der feine Herr Glauser an der Eröffnung, das Projekt sei einstimmig bewilligt und von allen unterstützt worden.« Er spuckte auf den Boden. »Die widern mich an. So ein schöner Wald und eine wunderbare Alpweide, zerschnitten von diesem Schrott!«

Die MounTeens wussten nicht, was sie erwidern sollten. Mit so viel Unmut hatten sie nicht gerechnet.

»Ich glaube, wir gehen dann mal, Herr Berger, okay?«, sagte Amélie unsicher.

Bergers Lächeln kehrte zurück. »Aber ja, lasst euch von mir bloss nicht die gute Laune verderben. Geniesst eure Zeltnächte hier oben. Viel Spass!« Er wandte sich ab und schloss die Tür hinter sich.

»Komischer Kauz«, bemerkte Lena, nachdem sich die MounTeens auf den Weg zu ihrem am Vortag ausgesuchten Zeltplatz gemacht hatten.

»Ich habe mich sogar ganz kurz vor ihm gefürchtet«, gab Matteo zu. »Hast du die Veränderung in seinem Blick gesehen, als er das Projekt, Glauser und die Leute von der Gemeinde erwähnt hat?«

»Ich kann ihn ein wenig verstehen«, sagte Amélie. »Wenn mir das Stück Wald und die Alpweide hier gehören würden, wäre ich auch nicht erfreut über die Rodelbahn.«

»Was ist eigentlich, wenn er der Saboteur ist und gar nicht die Hansens?« Sam wiegte den Kopf hin und her. »Er hat ein Motiv und wohnt gleich neben dem Tatort.«

»Der Pfadfinder will allerdings Zwillinge gesehen haben«, entgegnete Matteo. »Wie passt das zusammen?«

»Gar nicht, aber wir haben ja auch keinen Beweis, dass die Hansens oder andere Zwillinge nicht einfach sonst gestern Morgen hier oben waren. Niemand hat sie beim Sägen gesehen.«

»Behalten wir Berger mal im Auge!«, fand Lena. »Aber ich glaube schon, dass sich Alrik und Ole gestern nicht zufällig hier herumgetrieben haben.«

Eine Stunde später hatten die MounTeens die beiden Iglu-Zelte aufgestellt und das Gepäck darin verstaut.

»Hey, ihr Hobby-Pfadfinder!«, rief Chat lachend. »Willkommen draussen in der Natur! Tauscht ihr das kuschlig weiche Bett nun wirklich mal für ein paar Tage mit der harten Zeltmatte?« Sie trat aus dem Wald und kam auf die MounTeens zu.

Matteo stellte fest, dass sie ihre schwarzen Haare heute als Pferdeschwanz trug, was sie noch spitzbübischer wirken liess. Sein Puls beschleunigte sich. So musste sich Sam also fühlen, wenn er in Amélies Nähe war. Er schluckte leer. Nun sollte er wohl besser etwas sagen als nur blöd zu stieren. »Hallo, Chat! Ja, wir bleiben zwei Nächte hier oben.«

»Hey Mute, schon gesprächig heute?«

Matteo suchte nach Worten. Am besten wäre ein cooler Spruch, dachte er, aber es wollte ihm nichts einfallen. Mist!

Lena kam ihm zuvor. »Er ist nur am frühen Morgen und neuerdings in deiner Nähe manchmal sprachlos, glaub mir.« Lena, Sam und Amélie grinsten, während Matteo und Chat verlegen zu Boden schauten.

»So ein Quatsch!« Matteo beschloss, das Thema zu wechseln. »Was läuft bei euch so, Chat?«

»Alle ausser Mano sind beim Geländespiel. Er hatte die Idee, eine Wasserleitung vom Bach zum Küchenzelt zu bauen, sodass wir dort fliessendes Wasser haben. Genial, sage ich euch. Deshalb war ich eigentlich unterwegs hierher. Mano braucht noch ein paar Plastikeimer für seine Konstruktion. Mal schauen, ob Berger welche zum Ausleihen hat.«

»Kannst du uns bitte hier auch so etwas bauen, Sam?«, witzelte Amélie. »Ich würde morgen früh gerne eine Dusche nehmen.«

Nun war Sam an der Reihe, rot anzulaufen. Auch Amélie war es plötzlich peinlich, als sie bemerkte, was Sam sich offenbar vorstellte. »Grins nicht so doof. Natürlich im Bikini!«

»Ich hätte selbstverständlich gleich noch eine Holzkabine rundherum gebaut. In meinen Gedanken schaute ich deshalb an eine Bretterwand, während du unter der Dusche warst.«

Alle prusteten los.

»Du bist so ein Blödmann!«, sagte Amélie, als sie sich wieder eingekriegt hatte.

»Aber ein schlagfertiger, das muss man ihm lassen«, bemerkte Lena trocken.

Sam drehte die Hände gegen oben und zuckte mit den Schultern, wie wenn er fragen wollte, warum Amélie denn nicht einfach ihn nehme, anstatt noch an Jungs wie Ryan zu denken. Er liess seine Geste aber unkommentiert.

»Ich sollte los«, sagte Chat nach einem Blick auf ihre Uhr entschuldigend. »Wir Pfadfinder machen übrigens heute Nachmittag eine Wanderung hinauf zum Start der Rodelbahn und fahren hinunter. Wollt ihr auch mitkommen?«

Rodelspass

»Da sind wir!«, sagte Mano und strahlte. »Ich freue mich so auf die Fahrt ins Tal.«

Sam stellte seinen Rucksack auf den Boden und drehte sich um. Er war zusammen mit Mano hochgewandert und schaute sich nun nach seinen Freunden um. Inmitten der Pfadfindergruppe entdeckte er Matteo und Lena, die neben Chat hergingen. Aber wo war Amélie? Er setzte sich mit Mano an einen Tisch auf der Selbstbedienungsterrasse des Restaurants Alpenblick und packte die Wasserflasche aus.

Die MounTeens hatten am Morgen nach kurzer Beratung beschlossen, mit den Pfadfindern mitzuwandern und die Tickets vom Eröffnungstag zu brauchen, welche noch immer gültig waren. Kurz nach dem Mittag hatten sie die Pfadfinder deshalb beim Lagerplatz getroffen und die Gelegenheit genutzt, auch Manos aufwendige Wasserleitung anzuschauen.

Unterdessen waren die letzten Pfadfinder oben angekommen. Sam entdeckte Amélie ganz zuhinterst. Sie telefonierte gerade. Er schaute genauer hin. Sie nickte, lächelte, fasste sich verlegen an den Hals ... Die war doch nicht etwa mit Ryan verbunden! Sam spürte, wie ihm Eifersucht die Kehle zuschnürte. Er musste es wissen. Unsicher ging er auf sie zu.

»Ja, du auch, tschüss!«, hörte er Amélie sagen. Sie steckte das Smartphone in die Tasche ihrer kurzen Jeanshose.

»Was schaust du so?«

»Nichts«, log Sam. Er würde sie nicht fragen, mit wem sie telefoniert hatte. Er war ja nicht ihr Vater! Und ihr Freund auch nicht. Auf keinen Fall wollte er sie deshalb Misstrauen oder Eifersucht spüren lassen. Sam beschloss, einfach zu warten.

»Das war Ryan.« Amélie sagte es möglichst gleichgültig.

»Hm.« Sam tat so, als kümmere es ihn nicht.

»Es geht ihm besser.«

»Gut.«

»Herr Beck hat offenbar tatsächlich eine Klage gegen die Bergbahnen eingereicht.«

»Eine Schadenersatzklage?« Sam hatte seinen Vater schon von solchen Geldforderungsklagen sprechen gehört.

»Ja, genau!« Amélie nickte. »Ryan hat von einhunderttausend Franken gesprochen.«

Sam pfiff durch die Zähne. »Das ist viel Schmerzensgeld.«

»Der Anwalt meint, sie hätten eine Chance.«

»Und wie kann er sich den leisten, wenn er kein Geld hat, wie deine Mutter sagte?«

»Das habe ich natürlich nicht gefragt.«

»Die Lösung liegt auf der Hand – Makarenko!«

»Wahrscheinlich. Muss ich noch herausfinden. Ich bleib an Ryan dran.«

Nein, dachte Sam, sie sollte in seinen Augen alles andere tun, als an diesem Kerl dranzubleiben, aber natürlich hatte sie recht.

Amélie war zweifellos die Verbindung der MounTeens zu den Becks. Er nickte deshalb widerwillig. »Gut ermittelt, Amélie!«, bemerkte er betont sachlich. Irgendwie tat es etwas weniger weh, wenn er sich den Anruf als Detektivarbeit erklärte.

»Wie schön, dass ich euch sehe!«, hörten sie eine Stimme hinter ihnen sagen. Manfred Glauser, der Chef der Bergbahnen, trat hinzu. »Ich sollte das ja nicht tun, denn es ist Aufgabe der Polizei, aber ich muss einfach noch ein bisschen besser verstehen, wie dieser Unfall passiert ist.«

»Sprechen Sie von Ryans Sturz?«, fragte Amélie freundlich.

»Ja, ihr wart schliesslich direkt hinter ihm auf der Bahn. Habt ihr das Ganze gesehen?«

»Nein, aber das haben wir doch alles auch schon der Polizei erzählt.« Sam erinnerte sich daran, wie sie auf den Polizeiposten eingeladen wurden und einer Kollegin seines Vaters Auskunft gegeben hatten.

»Ich weiss und gebe auch zu, dass ich mich erst gar nicht so sehr für eure Aussage interessiert habe. Für mich war das Ganze abgeschlossen, als keine Mängel gefunden wurden und wir die Anlage wieder öffnen durften. Aber nun ist eine Klage eingereicht worden. Der Fall wird vor Gericht entschieden werden. Ich mache mir echt Sorgen!«

Sam und Amélie blickten sich kurz an und waren sich ohne Worte einig, nicht zu verraten, dass sie davon bereits wussten. »Wir helfen gerne, wenn wir können.« Sie schilderten Glauser nochmals in allen Einzelheiten, wie sie den Unfall erlebt hatten. Dieser hörte nachdenklich zu und verzog an einigen Stellen das Gesicht, als ob er selbst ins Fangnetz geschleudert würde.

»... dann kam ich unten mit Ryan an und Ihr Mitarbeiter nahm ihn in Empfang«, beendete Sam die Schilderung. »Das hat Ihnen jetzt wohl nicht viel weitergeholfen, oder?«

»Oh doch, es zeigt mir, dass es keine Beweise geben wird – weder für noch gegen uns. Am Schluss steht Aussage gegen Aussage.«

Sam kniff die Augen zusammen. »Ist das nun gut oder schlecht für Sie?«

»Das wird ein Prozess mit ungewissem Ausgang – eine Katastrophe für unsere Bergbahnen.« Glauser rieb sich die Schläfen. »Wenn das nur irgendwie verhindert werden könnte!« Er seufzte. »Und diese Ast-Sache gestern Morgen macht es auch nicht besser.«

Amélie horchte auf. »Lenas Mutter sagte uns, Sie tippten darauf, dass er wegen des Gewitters auf die Bahn gefallen sei.«

Glauser hob eine Augenbraue: »Offiziell ja, weil ich natürlich niemanden beschuldigen wollte, aber ich bin mir sicher, dass dieser Berger dahintersteckt! Der hat ja schon vor dem Bau mit seinen Einsprachen die ganze Zeit nichts als Ärger gemacht!«

Zwanzig Minuten später standen die MounTeens mit den Pfadfindern in der kurzen Warteschlange beim Start der Rodelbahn.

»Rodelst du mit mir, Amélie?«, fragte Sam, wobei er dafür seinen ganzen Mut hatte zusammennehmen müssen.

Amélie zögerte und schaute ihn voller Bedauern an. »Lena und ich haben uns schon darauf geeinigt, dass wir bei dieser zweiten Fahrt mal den ganzen Spass geniessen wollen – ohne in der Mitte anzuhalten.«

Sam lächelte gequält. »Oh, das ist kein Problem.« Er fuhr sich mit der Hand durch die wilden Locken. »Dann rodle ich mit Matteo.«

Sein Freund hob den Daumen. Eigentlich hatte er ja Chat fragen wollen, ob sie mit ihm hinunterfahre, aber sein Mitgefühl mit Sam war grösser. »Klar, Sam! Bewährtes Team!«

Die Ampel sprang auf Grün. Sam und Matteo fuhren los.

Lena, die mit Amélie auf dem nächsten Rodel sass, sah ihnen nach. »Weg sind sie!« Matteos Jauchzen war zu hören. »Scheinen Spass zu haben, die Jungs!«

»Doof, dass jemand von euch Pfadfindern alleine fahren muss, weil es nicht aufgeht«, sagte Amélie.

»Ach, das macht mir nichts aus.« Chat grinste. »Ich jage dann euch zwei nach.«

»Auf gehts!«, rief Lena. »Die Bahn ist frei!«

Amélie löste die Bremse, indem sie den Hebel nach vorne drückte, und wenig später sausten die Mädchen mit wehenden Haaren und einem breiten Lachen im Gesicht zu Tal.

»Keiner da dieses Mal!«, schrie Lena, als sie um Kurve acht bogen. »Vollgas, Amélie!« Sie kreischten vor Freude.

Gerade als sie auch Kurve neun ohne abzubremsen passiert hatten, nahm Lena aus den Augenwinkeln eine Bewegung wahr.

Hatte sich da soeben jemand hinter einem Baum versteckt? Oder hatte sie sich getäuscht? Amélie schien jedenfalls nichts davon mitbekommen zu haben. Sie konzentrierte sich wieder auf die Bahn und genoss den Rest der Fahrt hinunter zur Talstation, wo die Jungs bereits warteten. Chat folgte nur wenige Sekunden später.

»Habt ihr Berger auch gesehen?«, fragte Matteo.

Chat schüttelte den Kopf. »Wo denn?«

»Ganz in der Nähe von eurem Lagerplatz.« Sam legte die Stirn in Falten. »Stand einfach neben der Bahn. Was er dort wohl tat?«

»Moment mal«, schaltete sich Lena ein. »Meinst du eine Kurve weiter als dort, wo gestern der Ast auf der Bahn lag?«

»Genau!«

»Seltsam, als wir vorbeikamen, befand sich niemand mehr an der Bahn«, sagte Lena und putzte sich die Brille. »Aber ich könnte schwören, dass sich jemand hinter einem Baum versteckte. Stand er rechts?«

»Ja, aber warum sollte er sich verstecken?«, fragte Sam.

»Vielleicht ist er ja einfach nur per Zufall dort gewesen und nachher durch den Wald zurück zum Hof gegangen«, wandte Matteo ein.

Lena setzte ihre Brille wieder auf. »Ich habe den Durchblick verloren.« Sie lachte über den eigenen Wortwitz. »Aber eines ist sicher: In dieser ganzen Sache glaube ich so langsam nicht mehr an Zufälle. Da ist doch etwas faul.«

Nachtschwärmerei

Die Nacht hatte sich auf Bad Lärchenberg gelegt. Über den Bergspitzen hingen zwar noch die letzten Farbfetzen des Sonnenuntergangs am Himmel, aber im Tal waren in allen Häusern die Lichter angegangen.

Matteo blickte auf sein Handy. »Halb zehn.« Er zog seinen schwarzen Kapuzenpullover über. Sam legte Amélie seine Trainerjacke des HC Lärchenberg um die Schultern und rückte etwas näher zu ihr.

Amélie lächelte schüchtern. Nett von Sam, dachte sie. Er war wirklich aufmerksam. Und dennoch fühlte sie sich nicht ganz so zu ihm hingezogen wie sonst. Was war eigentlich los? Hatte er etwas falsch gemacht? Amélie überlegte und schaute derweil auf die Lichter der kleinen Alpenstadt hinunter. Nein, er war wie immer: manchmal ungeschickt und direkt, bisweilen etwas tollpatschig, aber eigentlich ein unendlich guter Freund, wagemutig, selbstlos und vor allem der süsseste Junge, den sie kannte. Amélie schloss die Augen. Weshalb kribbelte es dann weniger als sonst? Sie dachte an Ryan. Um Himmels willen! Was machte der nun in ihren Gedanken, wenn sie ans Verliebtsein dachte? Sie öffnete die Augen, fasste sich verlegen an den Hals und blickte mit schlechtem Gewissen zu Boden.

Sam schien Amélies Unsicherheit zu spüren und sah sie nachdenklich an.

Wie er mich so anschaut, dachte Amélie. Wie ein verletztes Kaninchen. Sie zog seine Jacke enger um sich und atmete den typischen Sam-Duft ein – eine Mischung aus Waschmittel, Sams Deo und dem natürlichen Körpergeruch. Riecht gut, dachte sie. Warum aber verhielt sie sich Sam gegenüber zurzeit so abweisend, wenn ihr alles an ihm so vertraut war und sie doch so gerne Zeit mit ihm verbrachte? Sie schluckte leer und erkannte die Antwort im gleichen Moment. Es ging darum, ob sie mehr als beste Freunde waren. Sam wollte mehr sein, das stand fest. Und sie? Amélie wusste es nicht, gestand sich aber ein, dass sie aus purer Angst vor der Frage hoffte, dass er sie etwas weniger gernhatte, weil sich dann das Problem von selber lösen würde. Eigentlich voll feige, dachte sie.

»Schade, dass wir hier auf Bergers Weide kein Feuer machen dürfen.« Sam war aufgestanden. »Das hätte uns etwas aufgewärmt.« Er schlang die Arme um sich, dann ging er zum Zelt, öffnete den Reissverschluss und holte aus seinem Rucksack einen kleinen Gaskocher hervor. »Dann wärmen wir uns halt so. Wer nimmt einen Tee?«

Wenig später sassen die MounTeens mit einer dampfenden Tasse vor ihren Zelten im Gras.

»Ich bin beeindruckt, dass du an den Gaskocher gedacht hast«, sagte Lena. »Ein echter Campingprofi!«

Sam lachte und schaute kurz zu Amélie, die den Seitenblick als Einzige wahrnahm. »Was man nicht alles tut, um einen guten

Eindruck zu hinterlassen.« Lena und Matteo grinsten, während Amélie beschämt wegschaute.

Er tat solche Dinge wirklich, um ihr zu gefallen, dachte sie. Eigentlich total schön! Sie schimpfte sich einen Eisklotz, dass sie es noch nicht einmal gemerkt hatte, und gab sich einen Ruck: »Echt lieb von dir, Sam, dass du daran gedacht hast, für uns alle Tassen und Tee mitzunehmen«, sagte sie und fühlte sich augenblicklich ein wenig besser.

Sam strahlte wie ein Honigkuchenpferd, weil Amélie ihn seit langer Zeit wieder mal auf diese einzigartige Weise ansah, die er so sehr vermisst hatte.

»Was liest du da eigentlich, Lena?«, fragte Matteo. »Sieht nach einer Anleitung aus.«

»Meine Mutter hat mir für die Campingtage noch etwas Tolles gekauft. Schaut her!« Sie faltete einen klein verpackten, hellblauen Sitzsack aus Nylon auf. »Auf der Anleitung heisst es, man könne ihn ganz ohne Anstrengung in zehn Sekunden mit Luft befüllen. Nicht mal hineinpusten müsse man, steht hier.«

»Das will ich sehen.« Sam lachte. »Wenn auf der Anleitung geschrieben wird, es gehe ganz leicht, ist doch immer ein Haken dran.«

Lena las im Licht der Taschenlampe die Anweisungen nochmals Punkt für Punkt durch. Dann begann sie mit dem Nylonbeutel, der nichts anderes als eine auf einer Seite geschlossene Stoffröhre war, herumzuwedeln, sodass Luft hineinströmen konnte. Lenas Versuche im Sitzen scheiterten allerdings kläglich. Der Sitzsack füllte sich kaum.

Die anderen MounTeens grinsten, hielten sich aber noch vornehm zurück. Nur Matteo fragte, ob in der Anleitung beschrieben sei, wie lange man wedeln müsse.

Lena stand auf und liess den Beutel in einer Achterbewegung kreisen.

»Dein Sitzsack ist toll«, sagte Amélie. »Er ist echt ein Hingucker, wenn du ihn so schwingst. Einfach schade, dass man nicht drauf sitzen kann.«

Matteo und Sam glucksten.

Lena funkelte sie verärgert an, wollte sich aber noch nicht geschlagen geben. Sie hielt den Sack nun über den Kopf und rannte um die beiden Zelte – ohne Erfolg.

Die anderen kugelten sich vor Lachen, was Lena anstachelte, noch schneller zu rennen und sich dabei zusätzlich um die eigene Körperachse zu drehen.

Matteo, Sam und Amélie kriegten kaum noch Luft vor Lachen, und als Lena bei ihrem wilden Tun schliesslich über eine Zeltschnur stolperte und der Länge nach hinfiel, gab es kein Halten mehr. Selbst Lena, die sich schnell wieder hochgerappelt hatte, prustete los.

»Beeindrucken Sie Ihre Freunde ...!«, las Matteo auf der Anleitung und wischte sich eine Träne aus dem Augenwinkel, »... und füllen Sie elegant und mühelos ...« Er wieherte vor Lachen und konnte nicht mehr weiterlesen. »Elegant und mühelos«, presste er hervor, bevor er aufstand und in angedeuteter Zeitlupe wiederholte, wie Lena rückwärts über die Zeltschnur gestolpert war.

»Was ist los, Lena?«, fragte Amélie, die bemerkt hatte, wie ihre Freundin unsicher um sich geschaut hatte.

»Ich weiss nicht«, sagte Lena ernst und die ausgelassene Stimmung schien plötzlich wie weggeblasen, »aber mir war, als spürte ich einen Blick in meinem Rücken.« Sie schauderte. »Kennt ihr das Gefühl, wenn ihr sicher seid, dass euch jemand beobachtet?«

»Wer soll uns hier schon beobachten?« Sam bemühte sich, mutiger zu klingen, als er sich fühlte.

»Da ist niemand!«, versuchte auch Matteo die aufgekommene Furcht zu vertreiben.

Trotz gegenseitigen Versicherungen, dass sie bestimmt ganz alleine auf weiter Flur seien und sich hier am Waldrand höchstens Fuchs und Hase gute Nacht sagen würden, legten sich die Moun-Teens wenig später mit leicht mulmigem Gefühl schlafen.

Lena wachte auf. Hatte sie überhaupt schon geschlafen oder nur gedöst? Sie sah auf ihr Smartphone. Halb zwölf.

Der Wind hatte aufgefrischt. Durch den Blätterwald ging ein Rauschen, das fast so klang, als ob ein Bergbach zu einem reissenden Fluss anschwellen würde. Unheimlich.

Lena setze sich kerzengerade auf.

»Was ist los?«, murmelte Amélie schläfrig.

Lautes Knacken im nahen Wald.

Nun war auch Amélie hellwach. »Was war das?«

»Ich sage es ungern, aber es hörte sich an, als ob jemand hinter unserem Zelt durch den Wald schleichen würde.« Lenas Nackenhaare sträubten sich.

»Sam, Matteo!«, zischte Amélie. »Seid ihr wach?«

Keine Antwort, dafür bewegte sich der Reissverschluss des Zeltes wie von Geisterhand abwärts.

Amélie unterdrückte einen Schrei.

»Ich bin es doch nur!« Sams Wuschelkopf erschien in der Zeltöffnung. »Ich wollte euch nicht erschrecken, aber ich glaube, da hinten im Wald ist jemand.«

»Das haben wir auch gehört.« Amélies Herz schlug ihr bis zum Hals.

»Matteo und ich gucken nach, okay?«

»Danke, Jungs!«

Im Licht ihrer zwei Handys schritten Sam und Matteo wenig später dem Waldrand entlang und leuchteten von Zeit zu Zeit ins Unterholz. Der Wind hatte weiter zugenommen. Es raschelte und rauschte rundherum.

»So hören wir bestimmt keine Schritte«, raunte Matteo Sam zu. »Nicht mal, wenn sich uns tatsächlich jemand nähern würde.«

Wie auf Kommando schauten sie nervös um sich.

Niemand zu sehen.

Sie kehrten ohne Ergebnis zum Lagerplatz zurück.

Gerade als sich Matteo bückte, um den Reissverschluss des Zeltes zu öffnen und den Mädchen vom Fehlalarm zu berichten, packte ihn Sam am Arm. »Siehst du das?«, zischte er aufgeregt.

»Nein, was?«

»Dort unten bei Bergers Bauernhof ist eine dunkle Gestalt im Garten.«

»Tatsächlich.« Matteo kniff die Augen zusammen. »Meinst du, es ist Berger?«

Die Mädchen krochen aus dem Zelt. Sie hatten sich wieder angezogen. »Habt ihr etwas Verdächtiges entdeckt?«, fragte Lena neugierig.

»Da unten bewegt sich Berger oder sonst jemand durch den Garten. Ob es dieselbe Person ist, die vorher hinter unserem Zelt herumgeschlichen ist?« Sam zwang sich, ruhig und sachlich zu klingen. Eigentlich fühlte er sich aber äusserst unbehaglich.

»Schaut euch den Umriss und die Bewegungen der Person an«, sagte Lena leise. »Das ist zweifellos Berger.«

»Ja, der gekrümmte Rücken und der leicht schleppende Gang – das passt«, pflichtete ihr Amélie bei.

»Ich glaube nicht, dass er vorher hier oben war«, fuhr Lena fort. »Seht, er kehrt nicht zum Haus zurück, sondern entfernt sich davon. Der geht weg!«

»Um diese Zeit?«, murmelte Matteo. »Wo will er bloss hin? Das ist reichlich seltsam, nicht?«

»Es sei denn ...«, sagte Lena und machte eine kurze Kunstpause, »... er ist wieder unterwegs in Richtung Rodelbahn.«

»Du meinst jetzt ...?«, begann Sam.

»Ja, genau das meine ich«, unterbrach ihn Lena. »Kommt, wir folgen ihm und schauen, ob er wieder einen Baum fällt und über die Bahn legt!«

Die MounTeens bewegten sich im Schutz der Bäume abwärts zum Weg, der vom Bauernhof in Richtung Rodelbahn führte. Vor wenigen Augenblicken war Berger dort im Wald verschwunden.

»Wenn er wenigstens eine Taschenlampe benutzen würde«, schimpfte Sam leise. »Dann könnten wir ihm aus einer gewissen Distanz folgen. So wirds schwierig.«

»Wenn du etwas Unrechtes tun wolltest, würdest du auch nicht mit Licht herumwandern, oder?«, flüsterte Matteo. Er ging ganz vorne, stoppte nun aber unvermittelt und hielt die anderen zurück. »Da ist der Weg. Berger dürfte etwa fünfzig Meter vor uns sein. Seid leise.«

Am Waldrand und auf der Alpweide waren alle Umrisse dank dem Mondlicht gut erkennbar gewesen. Im Wald herrschte nun aber Dunkelheit.

»Wie wollen wir Berger hier folgen, wenn man kaum die Hand vor Augen sieht?« Amélies Stimme klang ängstlich.

»Bleiben wir lieber auf dem Weg und hoffen, dass bei der Rodelbahn wieder etwas mehr Licht durch die Bäume dringt«, gab sich Matteo gewohnt optimistisch und hartnäckig. »Schliesslich wurde der Wald dort ja auch ein wenig gerodet.«

So leise wie möglich schlichen die MounTeens den Weg entlang und starrten angestrengt in die Dunkelheit. Bald hatten sich ihre Augen an die Lichtverhältnisse gewöhnt, sodass auch Baumstämme in zwanzig Metern Entfernung wieder erkennbar waren. Von Berger aber fehlte jede Spur.

»Was lässt uns überhaupt glauben, dass Berger etwas Böses im Schilde führt?«, flüsterte Amélie. »Er kann auch einfach einen Spaziergang machen.«

»Oder er ist ein Nachtschwärmer und geht in die Stadt hinunter an eine Party«, spottete Lena. »Nein, Amélie, das macht nun wirklich wenig Sinn, wenn du mich fragst.«

»Still, ich höre etwas!«, unterbrach sie Matteo.

Alle lauschten.

»Da waren Schritte vor uns, ganz sicher. Jetzt sind sie verstummt.« Sie gingen langsam weiter.

»Halt!«, sagte eine Stimme aus dem Dunkeln.

Die MounTeens blieben wie vom Donner gerührt stehen. Der grelle Strahl einer Taschenlampe wurde auf sie gerichtet.

»Hey, das sind gar nicht unsere. Das sind die vier Detektive!« Die Stimme kam näher und im Schein der Taschenlampe konnten die MounTeens zwei Leiter des Pfadfinderlagers ausmachen.

»Mann, habt ihr uns erschreckt«, sagte Lena, die als Erste wieder aus der Schockstarre erwacht war. »Was tut ihr denn hier?«

»Gleich hier drüben ist unser Lager, schon vergessen? Heute ist Nachtaktivität mit anschliessender Taufe. Die Täuflinge haben als Gruppe die Aufgabe, im Dunkeln diesen Weg entlangzugehen, bis wir sie hier abfangen und zum Lager führen. Dort warten die anderen mit Schokocrème und einem kleinen Taufritual. Aber was tut ihr eigentlich hier?«

»Es mag doof klingen. Wir sind Bauer Berger gefolgt, den wir im Verdacht haben, etwas mit der Ast-Aktion gestern Morgen zu tun zu haben.« Lena blinzelte ins Licht. »Kannst du das mal aus meinem Gesicht nehmen? Danke!«

»Seid ihr schon lange hier hinter dem Baum neben dem Weg?«, fragte Sam.

»Etwa fünfundzwanzig Minuten, würde ich sagen«, erwiderte der Leiter.

»Und da ist keiner ausser uns vorbeigekommen?«

»Nein, bisher niemand. Aber die Gruppe der Täuflinge sollte gleich hier sein. Chat und Mano haben sie bis zum Waldrand begleitet und uns vor wenigen Minuten die Nachricht gesendet, dass sie auf die kleine Mutprobe geschickt wurden. Die sind also unterwegs hierher.«

»Dann ist auch klar, dass wir Bergers Spur verloren haben«, seufzte Matteo enttäuscht.

»Dafür könnt ihr nachher mit uns Dessert essen, wenn ihr mögt.« Der Leiter löschte sein Licht. »Nun aber schnell weg mit euch, damit wir die Sache nicht noch vermasseln.«

Eine Viertelstunde später waren alle Pfadfinder und die MounTeens im Lager versammelt. Die Täuflinge hatten die Mutprobe problemlos gemeistert und standen nun im Schein des Feuers mit verbundenen Augen um den Topf mit der Schokoladencrème. Als Taufritual sollten sie die »Wildwest-Waldbrühe« trinken, die angeblich aus Wasser, Walderde und etwas Zucker bestünde, wie man den Täuflingen grinsend erzählte, ohne dass diese von der Schokoladencrème wussten. Mit angewidertem Gesichtsausdruck würgten sie anschliessend den ersten Löffel der feinen Crème hinunter, bis sie lachend feststellten, dass alles ein Scherz und eine weitere Mutprobe gewesen war.

Chat hatte sich neben Matteo gestellt und knuffte ihn in die Seite. »Na, du Held!«

Matteos Herz schlug schneller – wie immer in Chats Gegenwart. »Warum meinst du?«

Chat lachte. »Weil du die Mutprobe ebenfalls bestanden hast.«

»Du meinst, ohne Licht auf dem Waldweg zu gehen?«

»Ja, zudem hast du dich zusammen mit Sam mutig aus dem Zelt gewagt, als ihr die Gruppe der Täuflinge und mich durch den Wald habt schleichen hören.«

»Ach so, das wart ihr!« Matteo schaute Chat verwirrt an.

Sie grinste breit. »Mano und ich hatten euch schon beobachtet, als wir zuvor den Weg ausgekundschaftet hatten. Sah lustig aus, wie Lena herumrannte und dann auch du noch über die Zeltschnur gefallen bist!« Sie lächelte Matteo an. »Wir wollten euch nicht erschrecken, sondern hatten einfach diesen Weg gewählt, um nachher mit den Täuflingen zum Ausgangspunkt für die Mutprobe zu gelangen. Leider konnten aber eine halbe Stunde später nicht alle so lautlos schleichen, wie ich es ihnen gezeigt hatte. Als ihr dann erschreckt zum Zelt herausgekrochen seid, wies ich die Gruppe an, sich mucksmäuschenstill zu verhalten. Das war ein Spass!«

Nun musste auch Matteo lachen. Er schaute zuerst Chat und dann die anderen Pfadfinderinnen und Pfadfinder an, wie sie um Mitternacht mit glühenden Gesichtern als verschworene Einheit beisammen sassen und Schokoladencrème verputzten. »Ich muss schon sagen: Ihr seid eine echt coole Truppe!«

Der unsichtbare Weidezaun

Um halb eins machten sich die MounTeens auf den Rückweg zu ihren Zelten – diesmal im Licht der Taschenlampen ihrer Handys. Als sie aus dem Wald traten, schauten sie über die mondbeschienene Weide hinunter zum Ende der Rodelbahn.

»Licht aus!«, zischte Matteo.

Die anderen reagierten sofort. Auch sie hatten beim kleinen Blockhaus, wo in der Nacht die Rodel aufbewahrt wurden, eine Bewegung ausgemacht.

»Da schleicht jemand ums Rodeldepot«, sagte Amélie. »Ob es wohl Berger ist?«

»Natürlich ist er es, oder glaubst du an Zufälle?«, erwiderte Lena. »Deshalb haben wir ihn aus den Augen verloren. Er ist nicht weiter dem Weg gefolgt, sondern irgendwo rechts abgebogen und dort hinuntergegangen.«

»Das ist nun aber schon eine Stunde her«, warf Sam ein. »Was treibt er denn dort?«

»Ich gehe nachschauen«, sagte Matteo.

»Wir gehen alle zusammen«, entgegneten die anderen drei wie im Chor.

»Nein, das ist viel zu auffällig. Es hat auch nicht genügend Verstecke für uns vier«, antwortete Matteo bestimmt. Er checkte sein Handy. »Ich habe noch ausreichend Akku. Kehrt ihr zu den Zelten zurück und ich halte euch auf dem Laufenden.«

»Er hat recht.« Amélie gab als Erste nach. »Lassen wir ihn alleine gehen!«

Sam insistierte noch, sah dann aber auch ein, dass es so besser war. »Pass auf dich auf, Matteo!«

Eine Viertelstunde später stand Matteo hinter einem Baum zwanzig Meter von der Rückseite des Rodeldepots entfernt und überlegte fieberhaft, ob er sich noch näher heranwagen sollte. Er war dem Waldrand entlang hinunter ins Tal gestiegen und die letzten zweihundert Meter über die offene Weide gerannt. Gesehen hatte er niemanden, und er hoffte, auch selbst nicht beobachtet worden zu sein.

Matteo fasste sich ein Herz und sprintete weiter zur Holzwand des Rodeldepots. Wenn nun bloss keiner um die Hausecke kam! Er schaute hastig von links nach rechts, aber alles blieb ruhig. Er drückte sein Ohr an die Wand und lauschte – nichts zu hören.

Schritt für Schritt näherte sich Matteo der Hausecke. Vorsichtig lugte er herum und erstarrte. Knapp zwei Meter vor ihm stand jemand an die Wand gelehnt und rauchte eine Zigarette. Schnell zog er den Kopf wieder zurück. Sein Puls raste, die Gedanken überschlugen sich. Hatte die Person ihn bemerkt? War das Berger? Ein Mann, ja. Aber jünger. Wer konnte es sonst sein? Und was tat er hier? Matteo dachte nach. Es gab nur eine Lösung. Er musste zur anderen Seite des Depots schleichen und von dort nochmals um die Ecke schauen.

Er rannte an der vom Mond abgewandten, dunklen Seite des Rodeldepots entlang und bog um die Hausecke.

Plötzlich blieb er wie angewurzelt stehen. Auf der Vorderseite ging gerade jemand zur Tür hinein. Matteo drückte sich an die Holzwand und wagte nicht, sich zu bewegen. Wie hatte er nur so unvorsichtig sein können? Da waren zwei am Werk. Der andere stand draussen bloss Schmiere.

»Hallo, ist da jemand?«, fragte die Person. Es war die Stimme eines Mannes mit fremdländischem Akzent.

Matteo rutschte das Herz in die Hose. Dann merkte er, dass die eintretende Person das nicht zu ihm, sondern in die Dunkelheit des Rodeldepots gesagt hatte.

Das automatische Licht im Innern ging an und Matteo hörte ein leises Fluchen, gefolgt von einem etwas lauteren Ausruf.

»Actaroschno, Videokamera!«

Eilige Schritte näherten sich der Tür.

Für Matteo wurde die Situation brenzlig. Er musste sich sofort entscheiden. Er wählte den Weg zurück zur Hinterseite des Depots und rannte, so schnell er konnte, um die Hausecke.

Plötzlich tauchte jemand vor ihm auf, der in entgegengesetzter Richtung unterwegs war. Der Mann mit der Zigarette! Es war zu spät, um auszuweichen. Sie prallten heftig zusammen.

»Halt, stehenbleiben!«, rief der Mann in gebrochenem Deutsch, als sich Matteo wieder hochgerappelt hatte und bergwärts davonstürmte.

Bestimmt nicht, bloss weg hier, dachte Matteo.

Der Mann nahm die Verfolgung auf, wie Matteo nach einem Blick über die Schulter mit Schrecken feststellte. Nun sah er auch, mit wem er es zu tun hatte. Sergej, Makarenkos Leibwächter!

Dann musste der Mann im Rodeldepot Makarenko selbst gewesen sein. Und die Sprache war Russisch. Was wollten die beiden hier?

Matteo hastete über die Alpweide. Sergej war ihm dicht auf den Fersen.

Ich Pechvogel, dachte Matteo. Warum verfolgt mich ausgerechnet ein durchtrainierter Bodyguard? Mit Sergej ist bestimmt nicht zu spassen! Schnell zum Wald! Dort kann ich ihm einfacher entwischen!

In der Dunkelheit übersah Matteo einen am Waldrand gespannten Weidedraht. Er kam ins Straucheln und schlug hart auf. Zwei Hände packten ihn. Er fühlte Sergejs Knie im Rücken.

»Wer bist du?«, fragte der Leibwächter zornig. »Hast du uns hergelockt?«

Matteo versuchte verzweifelt, dem eisernen Griff zu entkommen. Vergeblich.

Hinter Sergej knackten Zweige.

Nun war wohl auch Makarenko hier, dachte Matteo. Warum nur hatte er sich erwischen lassen und was sollte er sagen?

In diesem Augenblick hörte er ein leises Zischen, gefolgt von einem dumpfen Aufprall eines Schlags. Matteo spürte, wie sich

Sergejs Griff löste. Eine Sekunde später prallte der Oberkörper des Bodyguards hart auf Matteos Rücken auf, sodass ihm die Luft aus den Lungen gepresst wurde. Was war passiert?

»Bist du okay, Matteo?« Sams Gesicht tauchte neben ihm auf, während Lena und Amélie den bewusstlosen Leibwächter von ihm hinunterrollten. Sam hielt einen armdicken Ast umklammert und zitterte leicht.

»Hast du damit ...?«, flüsterte Matteo besorgt. »Ich meine, lebt er noch?«

»Ja, er atmet«, sagte Lena erleichtert. Mit den Fingerspitzen untersuchte sie Sergejs Hinterkopf. »Er hat bloss eine Beule, blutet aber nicht.«

»Schnell weg hier! Er erwacht bestimmt gleich wieder.« Amélie schaute angsterfüllt auf den Bodyguard.

»Ein Glück, dass Makarenko ihm nicht gefolgt ist!«, sagte Matteo, der sich vom ersten Schreck erholt hatte.

»Der Mann da unten ist Makarenko?«, fragte Sam ungläubig. »Nicht Berger?« Sein Blick wanderte zum Rodeldepot. »Jedenfalls scheint er nach Sergej zu suchen. Er hat bestimmt schon drei Mal das Haus umrundet. Höchste Zeit zu verschwinden, bevor er uns sieht!«

Auf dem Rückweg zu den Zelten schilderte Matteo, was er erlebt hatte. »Warum seid ihr eigentlich hier am Waldrand auf der Lauer gelegen?«

»Du hast dich nicht gemeldet, also beschlossen wir, uns im Wald so nah wie möglich heranzupirschen«, sagte Lena. »Von hier aus haben wir gesehen, wie du davongestürmt bist und dabei verfolgt wurdest. Als du dich dann direkt vor unserer Nase der Länge nach hingelegt hattest, packte Sam einen dicken Ast ... und Bumm.«

»Danke, Mann! Das war wirklich knapp!« Matteo rieb sich das Kreuz. »Dieser Sergej hat mir sein Knie ziemlich unsanft in den Rücken gerammt. Dem wäre ich nicht mehr entkommen.« Mittlerweile hatten sie ihren Zeltplatz erreicht.

»Hat er dich erkannt?«, fragte Amélie.

»Nein, das glaube ich nicht«, entgegnete Matteo. »Ich hatte ja die schwarze Kapuze meines Pullovers übergezogen, und als er mich fasste, lag ich mit dem Gesicht nach unten.«

»Wir sollten zur Polizei gehen«, warf Amélie ein, während sie in ihr Zelt kroch.

»Und was haben wir in der Hand? Gar nichts.« Lena schüttelte den Kopf.

»Die haben dort unten keine Gesetze verletzt«, pflichtete ihr Matteo bei. »Es sei denn, sie hätten die Tür aufgebrochen. Sah aber nicht so aus.«

Lena schlüpfte ebenfalls ins Zelt, kuschelte sich in ihren Schlafsack und schaute zusammen mit Amélie zur Zeltöffnung hinaus, während sich Sam und Matteo vor den Zelteingang setzten.

»Was ich euch noch nicht erzählt habe«, begann Matteo, »ist, dass Makarenko irgendetwas auf Russisch sagte, nachdem er in das Rodeldepot eingetreten war.«

»Was denn genau? Erinnerst du dich?« Lena zückte bereits ihr Handy.

»Ich glaube, er sagte ›Astaroschna, Videokamera!‹ oder so ähnlich.«

»Also ›Videokamera‹ ist ja wohl klar. Das brauchen wir nicht zu übersetzen. Aber sag das erste Wort noch einmal ganz langsam.« Lena hatte das in Russland verwendete kyrillische Alphabet gegoogelt und jeden Buchstaben, den Matteo gesagt hatte, einzeln übertragen. Es kam »Астарожна« heraus. Diesen Begriff gab sie in der Übersetzungs-App ein.

»Kein Treffer! Bist du sicher?« Lena wollte nicht so schnell aufgeben.

»Ich kann kein Russisch. Er könnte auch ›Ostoroschno‹ gesagt haben. Bei den ›a‹ und ›o‹ erinnere ich mich nicht so genau.«

Lena wechselte die »a« und »o« systematisch aus, bis die App einen Treffer ausspuckte. Sie klickte auf die Aussprache.

»Astaroschna«, sagte die Stimme der Übersetzungs-App.

»Bingo!«, triumphierte Lena. »Seht her, so wird der Begriff ›Осторожно‹, geschrieben. Und er heisst ›Vorsicht‹. Da haben wir also, was Makarenko sagte!«

»Vorsicht, Videokamera?«, fragte Sam. »Warum sollte er das sagen?«

»Weil das Rodeldepot videoüberwacht ist und er sicher nicht um Mitternacht dort gesehen werden wollte«, kombinierte Lena. »Er hat mit seinem Ausruf wahrscheinlich auch Sergej warnen wollen.«

»Hast du uns hergelockt?«, murmelte Matteo. »Das sagte Sergej zu mir, nachdem er mich überwältigt hatte. Klingt so, als ob die beiden Russen beim Rodeldepot waren, um jemanden zu treffen.«

»Alles reichlich verworren. Wer sollte das tun?« Amélie schüttelte den Kopf. »Und warum ist die Person, die das Treffen wollte, nicht aufgetaucht?«

Sam drehte eine Locke um seinen Finger – ein untrügliches Zeichen für scharfes Nachdenken. »Wenn ihr mich fragt, steckt da Berger dahinter. Er hat aus sicherer Distanz beobachtet, ob Makarenko und Sergej zum Treffpunkt kommen. Dann entdeckte er Matteo, bekam kalte Füsse und verschwand wieder.«

»Ja, seht mal. Da! Bei Bergers Haus ist jetzt Licht. Er ist ganz offenbar von seinem nächtlichen Ausflug zurückgekehrt.« Amélie gähnte. »Aber egal wo er war und was auch immer er besprechen wollte, lasst uns morgen weiterdenken. Ich bin so müde.«

Eine Verschwörung?

»Aufwachen, Schlafmützen!« Chat rüttelte an den Zelten der MounTeens. »Ihr verpasst ja den schönsten Teil des Tages!«

Matteo öffnete den Reissverschluss und blinzelte verschlafen in die Sonne. »Chat, du machst sogar Lena Konkurrenz. Die quasselt mir sonst auch immer schon am Morgen den Kopf voll, wenn wir zusammen zur Schule gehen.«

»Mein Pfadfinder-Name verpflichtet mich eben dazu, den ganzen Tag Leute vollzulabern«, sagte Chat lachend. »Aber auch du, lieber Mute, solltest jetzt aufstehen und dir – von mir aus in aller Stille – diese schöne Morgenstimmung ansehen.« Sie zog ihn an den Schultern. Matteo stöhnte theatralisch, gab aber nach und schälte sich aus dem Schlafsack. Erst als er vor dem Zelt stand und sich streckte, merkte er, dass er nur mit einer Unterhose bekleidet war. »Entschuldige«, stotterte er verlegen.

Chat hatte sich vorher nichts anmerken lassen, musterte ihn nun aber grinsend. »Aber wofür denn?« Ihr Blick blieb auf Matteos Oberkörper haften. »Ich bin nicht kompliziert oder verklemmt. Easy!«

Matteo stieg die Schamröte ins Gesicht. Er sollte cool bleiben, dachte er. Chat würde das mögen. »Ich auch nicht«, sagte er deshalb schnell. »Ist alles Natur, sagt meine Mutter.«

»Und meine Grossmutter meinte jeweils, man könne nicht nackt sein. Es sei ja überall Haut darüber.«

Matteo lachte. »Auch wieder wahr, aber um die Unterhose bin ich trotzdem froh.« Ihm schien, dass es nun Chat war, die leicht errötete.

Sam wand sich aus dem Zelt und warf Matteo dessen Kleider zu. »Zieh dir etwas an, bevor du dich noch erkältest.« Er grinste. »Das ist, was meine Mutter immer sagt.«

Amélie und Lena waren ebenfalls aufgestanden.

»Morgen, Chat! Wohin gehst du so früh?« Amélie schaute aufs Handy. Zwanzig vor acht.

»Kleiner Auftrag vor dem Frühstück. Ich hole Milch bei Herrn Berger. Kommst du mit?«

Matteo schaute enttäuscht zu Boden. Warum hatte sie nicht ihn gefragt?

»Klar, ich nehme für uns auch gleich ein bisschen.« Amélie wühlte in ihrem Rucksack. »Mit dieser PET-Flasche sollte es gehen.«

Matteo schaute den zwei Mädchen nach, die durchs taufeuchte Gras zu Bergers Hof hinunterstiegen. Dann wanderte sein Blick ins Tal. Über Bad Lärchenberg hing ein leichter Morgennebel. Die kleine Alpenstadt wirkte irgendwie mystisch.

»Das also hat Chat gemeint.« Matteo nickte.

»Der Zauber wird schnell vorbei sein.« Lena deutete auf die Sonne, deren erste Strahlen soeben über die Bergflanke ins Tal fielen. »Mal schauen, wie lange es geht, bis die ganzen Nebelschwaden weggeputzt worden sind.«

»Guten Morgen, Herr Berger!« Chat begrüsste den Bauern mit demselben Elan, wie sie ihn zehn Minuten zuvor schon bei den MounTeens gezeigt hatte.

»Guten Morgen, die Damen!« Berger lächelte. »Fünf Liter Milch wie immer, Leonie?«

Chat grinste. Niemand nannte sie sonst Leonie, aber bei Bauer Berger hatte sie sich der Einfachheit halber so vorgestellt. »Ganz genau, alles wie immer. Diesmal möchte allerdings auch Amélie noch etwas Milch.«

Berger schien erst jetzt erkannt zu haben, dass Amélie keine Pfadfinderin war, sondern eine der Jugendlichen, die oben am Waldrand campierten. »Milch für vier also, warte kurz!«

»Ich gehe dann schon mal«, sagte Chat. »Um acht ist Frühstück bei uns – die warten auf mich. Tschüss, Amélie. Auf Wiedersehen, Herr Berger!«

Weg ist sie, dachte Amélie. Was für ein Wirbelwind! Allzeit bereit und stets blendender Laune. Sie wartete, bis der Bauer mit einem Liter Milch zurückkam, bedankte sich und fischte ein paar Münzen aus ihren Jeans.

»Lass gut sein. Ich schenke euch das.« Berger lächelte. »Räumt mir morgen lieber euren Lagerplatz wieder ordentlich auf. Da habe ich mehr davon.«

»Machen wir.« Amélie zögerte. »Darf ich Sie etwas fragen, Herr Berger?«

»Natürlich.« Er sah sie aufmerksam an.

»Wir haben gestern kurz vor Mitternacht jemanden bei Ihrem Haus gesehen.« Amélie registrierte keine Reaktion bei Berger. »Ist alles in Ordnung? Nichts gestohlen worden oder so, meine ich? Wir machten uns etwas Sorgen, weil wir sahen, dass die Person schnell dort drüben verschwunden ist.« Sie zeigte auf den Weg Richtung Rodelbahn.

»Die Zeit kommt hin. Das war ich selbst, kein Dieb!« Die Vorstellung, dass die MounTeens in ihm einen Einbrecher gesehen hatten, schien Berger zu amüsieren.

Amélie traute sich nicht zu fragen, was er denn noch erledigen musste. Sie hatte zuvor schon den ganzen Mut zusammengenommen, um wenigstens ein paar Informationen zu erhalten. Sie fragte sich, ob er ihr Spiel durchschaute. Hatte er in der Nacht eventuell gar bemerkt, dass die MounTeens ihm gefolgt waren? Oder hatte er tatsächlich Sergej und Makarenko beim Rodeldepot treffen wollen und dann Matteo erkannt? Er zeigte jedenfalls keine Regung, die Amélie verraten hätte, ob er die nächtlichen Abenteuer der MounTeens mitbekommen hatte.

»Ich musste weg.« Berger blieb kurz angebunden. »Kam erst so gegen zwei Uhr zurück.« Er schloss die Augen und rieb mit Zeige- und Mittelfinger über seine Lider. »Nett, dass ihr euch meinetwegen Sorgen gemacht habt.«

Amélie verstand, dass dies der letzte Satz ihrer Konversation gewesen sein musste, denn der Bauer hatte sich bereits abgewandt.

»Auf Wiedersehen, Herr Berger, und danke«, beeilte sie sich zu sagen, bevor die Tür zufiel.

Amélies Handy vibrierte. Sie kramte es aus der Tasche ihrer kurzen Jeanshose hervor, warf einen kurzen Blick auf den Bildschirm und lächelte. Eine Nachricht von Ryan.

Liebe Amélie
Schon wach? Ich habe gerade an dich gedacht. Überhaupt denke ich viel an dich, weil du dich so süss um mich gekümmert hast nach dem Unfall. Hast du mal Zeit für ein Treffen? Morgen Abend?
Ryan

Amélie fasste sich verlegen an den Hals. Dass sich ein Junge aus der neunten Klasse offenbar für sie interessierte, schmeichelte ihr schon ein wenig, wie sie feststellte. Sie las die Zeilen ein zweites Mal. Ihr Blick blieb auf dem Kuss-Emoji haften, das ganz unten angefügt worden war. Ein echter Kuss von Ryan? Würde ihr das gefallen? Sie wusste es nicht. Aber gegen ein Date gab es ja mal nichts einzuwenden, dachte sie, und tippte umgehend eine Antwort.

Morgen Abend ist gut. Wo?

Es dauerte keine zwanzig Sekunden, da surrte das Handy bereits wieder.

Bei mir um 19 Uhr? Okay? Wo bist du jetzt?

Mit pochendem Herzen schrieb sie zurück. Irgendwie fühlte es sich nicht richtig an. Als ob sie Sam betrügen würde, dachte sie, dabei war sie doch weder mit ihm zusammen, noch tat sie etwas Unrechtes, wenn sie Ryan traf. Sie schüttelte entschieden den Kopf, um ihre Zweifel loszuwerden.

Ok. Soeben Milch geholt bei Bauer Berger (hoch über Bad Lärchenberg, weisst du wo?). Lena und ich zelten hier.

Seufzend machte sich Amélie auf den Rückweg. Warum hatte sie Matteo und Sam unerwähnt gelassen? Um Ryan etwas Hoffnung zu machen? Quatsch! Sie wollte doch gar nichts von ihm, oder? Sie schaute auf ihr Smartphone. Eine weitere Nachricht war erschienen.

Ja, grüss ihn herzlich von mir. ;-)
Freu mich auf morgen.

Seltsam! Woher kannte denn Ryan Bauer Berger? Ob es da einen Zusammenhang mit der Schmerzensgeldklage gab? Amélie hatte ihren Freunden eigentlich nichts von den Textnachrichten sagen wollen, fand nun aber, dass die mögliche Verbindung zwischen Ryan und Berger für den Fall doch wichtig sein könnte. Sie durfte einfach niemanden auf ihr Handy schauen lassen. Und am allerwenigsten Sam, dachte Amélie, während sie einen Stich im Herzen spürte.

Zurück bei den Zelten erzählte Amélie, dass Ryan ihr geschrieben und Berger grüssen lassen habe. Obschon sie eine harmlose Geschichte auftischte, verfinsterte sich Sams Miene zusehends. Er war eifersüchtig, dachte Amélie. Wenn er jetzt noch das Kuss-Emoji sehen würde ...

»Ich glaube nicht mehr an Zufälle«, sagte Lena. »Das hängt alles irgendwie zusammen.«

»Ganz meine Meinung!«, stimmte Sam zu. »Ich versuche es mal: Herr Beck will nach Ryans Unfall klagen, hat aber kein Geld. Makarenko bekommt Wind davon, taucht bei ihnen auf und bezahlt die Anwaltskosten. Berger war schon immer gegen die Rodelbahn. Er trifft sich mitten in der Nacht mit Makarenko. Beck und Berger stecken also irgendwie unter einer Decke.« Amélie war aufgefallen, dass Sam den Namen »Ryan« mit betonter Verachtung ausgespien und sie dabei prüfend angeschaut hatte.

»Vergiss die Hansen-Brüder nicht«, ergänzte Matteo. »Die haben wohl den Ast auf die Bahn gelegt, damit ihr Vater vom Konkurs der Bergbahnen und von Makarenkos Übernahme profitiert!«

Lena seufzte. »Wenn das so weitergeht, haben wir es hier mit einer regelrechten Verschwörung zu tun!«

E(rpre)ssen

»Viktor muss gleich hier sein, Liebes. Kannst du mir bitte noch beim Salatrüsten helfen?« Anna Sander stand gewohnt adrett gekleidet, aber mit umgebundener Schürze in der Küche und kümmerte sich um das Anbraten des Fleisches. Sie drehte sich um. »Lena, hörst du mich?«, rief sie etwas lauter.

Lena hatte sie schon vorher gehört, doch erstens hasste sie es, wenn ihre Mutter Makarenko »Viktor« nannte, und zweitens hatte sie überhaupt keine Lust, für diesen windigen Typen auch noch Essen zuzubereiten. »Ich komme gleich, Mama!«, rief sie dennoch und zwang sich, über ihren eigenen Schatten zu springen. Sie verstand, dass der reiche Investor für ihre Mutter als Tourismusdirektorin wichtig war und es ihr deshalb viel bedeutete, dass er ihre Einladung zum Essen angenommen hatte. »Da bin ich schon. Wie kann ich helfen?« Sie betrachtete ihre Mutter. Täuschte sie sich oder hatte sich diese heute besonders hübsch gemacht? Vielleicht sogar etwas mehr Parfüm aufgelegt als sonst?

»Danke dir. Würdest du bitte den grünen Salat hier waschen und rüsten?«

»Geht klar.« Lena dachte an die anderen MounTeens, die nun oben vor den Zelten picknickten, während sie hier sein musste. Sie hatte auf das eindringliche Bitten ihrer Mutter hin nachgegeben und war zum Mittagessen hinunter in die Stadt gegangen. Selbstverständlich hatten ihr Amélie, Sam und Matteo davor noch diverse Tipps gegeben, wie sie Makarenko möglichst gut aushorchen konnte.

Es klingelte an der Tür.

»Geh du schon mal. Sag ihnen, ich komme gleich.«

Ihre Mutter klang ziemlich angespannt, dachte Lena. Widerwillig schlurfte sie zur Haustür, wo sie den Einlassknopf für das Treppenhaus drückte. Sie öffnete die Tür und hörte Schritte heraufkommen. Hatte ihre Mutter »ihnen« gesagt? Kam Makarenko nicht allein? Lena wagte einen Blick übers Geländer und sah eine zweite Person. Sergej!

Anna Sander hatte die Küchenschürze abgelegt und war zu Lena geeilt. Sie zupfte Kleid und Haare zurecht.

Ihre Mutter war nervös, dachte Lena. Dennoch schaffte sie es, nicht mehr gestresst zu wirken und nun ihr schönstes Lächeln aufzusetzen. Und das alles für diesen Schleimbeutel!

Makarenkos strahlendes Gesicht tauchte über dem Treppenabsatz auf.

»Viktor, wie schön, dass du kommen konntest!«, säuselte Anna. Er hauchte ihr zwei Küsschen auf die Wange. »In der Schweiz sind es drei Küsschen, Viktor. Links, rechts, links.« Sie lachte verlegen.

So peinlich, Mama, dachte Lena.

»Ah, ich verstehe. Eine Dreierkombination wie beim Boxen. Links, rechts, links.« Makarenko grinste amüsiert. »Ich versuche es gleich nochmal. Man will ja als Gast nichts verkehrt machen.«

Er küsste Lenas Mutter ein zweites Mal dreifach auf die Wange, wobei er seine Hand etwas länger als nötig auf ihrem Schulterblatt ruhen liess.

Lena litt innerlich. Die benehmen sich wie Verliebte, wurde ihr schlagartig bewusst. Sie räusperte sich.

»Ganz der Gentleman wie immer«, sagte Anna lachend. »Darf ich dir nun Lena, meine Toch... ?« Sie brach mitten im Satz ab, als sie die golfballgrosse Beule am Hinterkopf des inzwischen hinzugetretenen Bodyguards entdeckte. »Um Himmels willen, Sergej!«

»Er hat sich gestern den Kopf angestossen«, sagte Makarenko schnell. »Es ist nichts Schlimmes.«

»Rückwärts vom Stuhl gekippt«, beeilte sich Sergej zu sagen.

»Ich weiss, was du nun denkst, liebe Anna, aber wir haben keinen Wodka getrunken.« Makarenko lachte und legte dem Leibwächter kollegial seinen rechten Arm um die Schulter. »Es war ein Unfall bei der Arbeit – null Alkohol im Spiel.«

Lena sagte nichts. Was für eine falsche Schlange, dieser Makarenko, dachte sie. Nicht mal bei seiner offenbar so angebeteten Tourismusdirektorin schreckte er vor einer Lüge zurück. Zudem zuckte er nicht mit der Wimper. Der war das Lügen gewohnt.

»Tut mir leid, Sergej«, sagte Anna mitfühlend. Sie zeigte auf ihre Tochter. »Zweiter Versuch: Das ist Lena.«

»Hallo.«

»Die gleichen Augen wie ihre wunderbare Mutter«, sagte Makarenko an Anna gewandt. Er streckte seine Hand aus. »Ich habe dich ja bei der Eröffnung der Rodelbahn schon mal kurz gesehen. Freut mich sehr.«

Mich nicht, sagte Lena innerlich, ergriff die Hand dennoch und lächelte gequält.

»Nun kommt aber herein«, bat Anna und trat einen Schritt zur Seite. Sie zeigte mit einladender Geste Richtung Esszimmer. »Es ist alles bereit.«

Das Mittagessen verlief nicht nach Lenas Geschmack. Makarenko sprach über seine Baufirma in Russland. Während ihre Mutter aufmerksam nickte, langweilte sich Lena. Als sich ihr Blick mit jenem von Sergej kreuzte, sah sie, dass der Bodyguard das Gespräch genauso uninteressant fand. Er deutete mit einer leichten Kopfbewegung auf seinen Boss und verdrehte die Augen. Lena grinste. Auch Sergejs Mundwinkel zuckten verräterisch. Eigentlich ein sympathischer Kerl, dieser Leibwächter, dachte Lena. Sie erinnerte sich daran, wie Sam in der Nacht mit dem Ast auf seinen Hinterkopf geschlagen hatte, und verzog das Gesicht, als ob sie den Schmerz selbst fühlen würde.

»Gehts dir nicht gut, Lena?«, fragte ihre Mutter, die offenbar doch nicht ganz so gefesselt an Makarenkos Lippen hing, wie Lena gedacht hatte.

»Alles okay, Mama! Darf ich gehen?«

»Selbstverständlich. Ab zu den MounTeens, nehme ich an?« Anna schmunzelte.

»Genau, sie warten oben auf mich. Heute Abend werden wir aber zum Sommerfest wieder hier sein.«

»Wusstest du eigentlich, dass die Pfadfindergruppe auch dabei ist?«

Lena schüttelte verwundert den Kopf. »Nein, wo dabei?«

»Ich dachte, dass unserem Fest eine Attraktion guttun würde, und die Pfadfinder fanden es toll, dem Publikum ihre Seiltechnik zeigen zu können.«

»Seiltechnik?«

»Überraschung, du wirst sehen.« Anna wandte sich wieder den Gästen zu.

Lena verabschiedete sich von Sergej mit einem entschuldigenden Lächeln, auch wenn dieser den wahren Grund dafür nicht ahnen konnte. Makarenko hingegen drückte sie bloss kühl die Hand. Er hatte ja eh nur Augen für ihre Mutter, dachte sie. Während des ganzen Essens hatte er sie kaum zur Kenntnis genommen, dieser eingebildete Gockel!

Der weisse Jaguar von Makarenko stand auf dem Besucherparkplatz im Schatten eines Baumes. Lena rümpfte die Nase, als sie daran vorbeiging. Unter dem Scheibenwischer fiel ihr ein Stück Papier auf. Eine Busse, dachte sie erst. Dann wurde ihr klar, dass es für eine Busse gar keinen Grund gab, schliesslich war das Luxusauto korrekt geparkt. Es musste etwas anderes sein. Lenas Neugierde siegte. Sie sah sich hektisch um – niemand auf der

Strasse. Ein Blick hoch zum Wohnungsfenster. Von da würde hoffentlich keiner herunterschauen! Mit drei schnellen Schritten war sie beim Auto, schnappte sich das zusammengefaltete Papier und öffnete es. Dann zückte sie ihr Handy, fotografierte die Botschaft, klemmte den Zettel wieder unter den Scheibenwischer und machte sich aus dem Staub.

Beim nahegelegenen Tierpark setzte sie sich auf eine Bank, schaute sich das geschossene Foto an und las die Nachricht:

Du bist in meiner Hand, Makarenko!
Also erfülle meine Forderung, wenn dir dein Ruf lieb ist!

Lena runzelte die Stirn. Wer hatte das geschrieben? Und was verlangte die Person von Makarenko? Handelte es sich um eine Erpressung? Aber womit sollte der Russe erpresst werden? Lena verstand nur Bahnhof. Ihr wurde bewusst, dass jemand in der letzten Stunde den Zettel angebracht haben musste. Wer konnte das gewesen sein? Versteckte sich die Person womöglich im Schatten eines Baumes und beobachtete den Wagen, um sicherzustellen, dass Makarenko den Zettel sicher sehen würde? Oder um seine Reaktion abzuwarten? Lena blickte sich unsicher um. Das hiesse dann ja allerdings auch, dass diese Person Lena beobachtet hätte. Ihr Puls beschleunigte sich. Sie drehte sich einmal um ihre Achse, konnte aber nichts Verdächtiges entdecken. Womöglich hatte der Erpresser oder die Erpresserin ja auch nur einen Boten geschickt, um den Zettel anzubringen. Oder ging ihre Fantasie nun mit ihr durch? War das Ganze vielleicht bloss ein dummer Streich? Lena beschloss, bis zum oberen Eingang des Parks zurückzugehen, um den Wagen aus der Ferne im Auge zu behalten. Sie würde an Makarenkos Reaktion bestimmt merken, wie ernst er das Ganze nahm. Zwischen den Bäumen hindurch konnte sie den weissen Jaguar nun bereits wieder sehen. Makarenko war also immer noch bei ihrer Mutter. Sie stellte sich hinter die kleine Mauer, die den Tierpark umgab, und richtete ihren Blick auf den Hauseingang. Ein ungutes Gefühl beschlich sie. Was tat sie eigentlich hier? Sie beobachtete ihr eigenes Zuhause, während sich ihre Mutter mit einem mutmasslichen Kriminellen und dessen Bodyguard allein in der Wohnung befand. Sogar wenn Makarenko unschuldig und bloss Opfer einer Erpressung war, schwebte ihre Mutter vielleicht in Gefahr. Lena kaute an ihren Fingernägeln und wartete. Das ungute Gefühl hatte sich in Nervosität verwandelt.

Sergej trat zur Tür heraus und steckte sich eine Zigarette an.

Lena atmete auf. Zu früh, wie sie wenig später beunruhigt feststellen musste. Wo blieb nur Makarenko? Sie quälte sich mit dem Gedanken, welche Gründe es geben könnte, dass der Leibwächter bereits vorausgeschickt worden war. Panik stieg in ihr auf. Nein, Makarenko würde ihrer Mutter nichts antun. So wie der sie angeschaut hatte. Ein anderer unangenehmer Gedanke drängte sich ihr auf. Wollten Makarenko und Mama noch kurz alleine sein, um ... nein, das mochte sie sich nicht einmal vorstellen! Sie zückte ihr Handy und rief zu Hause an.

»Ja, Lena?«, hörte sie ihre Mutter am Telefon sagen.

Gott sei Dank, dachte Lena. Es klang nicht so, als hätte sie gerade mit Makarenko rumgemacht. Sie hätte sonst nicht so schnell abheben können. Oder sie wäre etwas atemlos gewesen und hätte gekichert. Vielleicht hätte sie sich auch über die Störung geärgert.

»Lena ...? Bist du da?«

Sie sollte nun wohl besser etwas sagen, dachte Lena. »Hallo, Mama.« Sie hatte sich nicht überlegt, unter welchem Vorwand sie anrufen wollte. Makarenko verliess das Haus. »Schlechte Verbindung, ich kann dich nicht hören ...«, beeilte sich Lena zu sagen. »War nichts Wichtiges, tschüss!« Sie legte auf und konzentrierte sich auf den weissen Jaguar, dem sich Sergej und Makarenko nun näherten.

Der Leibwächter sah den Zettel zuerst. Er steckte ihn Makarenko wortlos zu. Dieser las die Zeilen und blieb einen Moment lang wie versteinert stehen, bevor er argwöhnisch um sich blickte. Dann schien er wütend zu werden, wenn Lena sein hochrotes Gesicht und die gestenreichen Anweisungen an Sergej richtig interpretierte. Es stand jedenfalls ausser Frage, dass Makarenko die Botschaft ernst nahm und es sich auf keinen Fall um einen Scherz oder dummen Streich handelte. Die Türen des weissen Jaguars wurden zugeschlagen und Sergej gab heftiger Gas als nötig.

Die waren aber ganz schön in Aufregung geraten, dachte Lena. Offenbar hatte die Erpressung einen empfindlichen Nerv getroffen. Sie verliess den Schutz der Mauer und schlug den Weg zu ihren Freunden ein. Vielleicht konnten die sich ja einen Reim auf das alles machen.

Die Luft ist draussen

Die MounTeens liessen die Alpweide hinter sich und gingen am Rodeldepot vorbei Richtung Stadtzentrum. Sie hatten den ganzen Nachmittag damit verbracht, über die Gründe für die Erpressung zu rätseln, waren aber nicht weitergekommen.

Lena erinnerte sich daran, was ihre Mutter über die Pfadfinder und ihr Mitwirken am Sommerfest gesagt hatte, und erzählte den anderen davon.

»Welche Attraktion?«, wollte Sam wissen.

»Sie würden Seiltechnik vorführen, sagte sie.« Lena zuckte mit den Schultern. »Keine Ahnung, was die genau machen!«

»Einen Seiltrick zeigen?«, mutmasste Matteo. »Wohl eher nicht, oder?«

»Und Seilziehen wird es auch nicht sein, denke ich«, spasste Amélie. »Die haben bestimmt etwas mit Seilen gebaut. Gleich werden wir es ja sehen!« Die MounTeens bogen beim Gemeindehaus in die Fussgängerzone ein. Erste Stände säumten die autofreie Strasse im Herzen der Alpenstadt.

Sam betrachtete das bunte Treiben vor sich. »Seit wann gibt es dieses Sommerfest überhaupt? Ich kann mich jedenfalls an keines erinnern.«

»Es ist eben das erste.« Amélie zeigte auf die Plakate, die schon seit Wochen überall aufgehängt waren. »Siehst du, da steht es für alle, die mit wachem Blick durchs Leben gehen, gross drauf.«

Sam entging Amélies Spott nicht, aber er war froh, dass sie ihn wenigstens beachtete. Besser Spott als gar nichts, dachte er. Ausserdem hiess es ja: Was sich liebt, das neckt sich. »Ich habe eben Augen für anderes«, wehrte er sich mit einem Augenzwinkern.

Amélie schaute verlegen weg.

»Meine Mutter hat das Ganze hier initiiert«, sagte Lena nicht ohne Stolz. »Sie war der Meinung, es brauche im Sommer eine weitere Attraktion für die Touristen.«

»Gute Idee!«, fand Amélie. »Aber warum eigentlich nicht an einem Wochenende?«

»Weil die Feriengäste meist am Samstag an- und abreisen. Da ist ein Wochentag naheliegend. Zudem hat dann unser Fest keine Konkurrenz von anderen Veranstaltungen. Schlau, oder?«

»Hat was.« Sam nickte anerkennend. »Schaut mal. Dort wurden ja sogar ein paar Fahrgeschäfte aufgebaut.» Er zeigte auf eine Achterbahn für Kinder mit dem passenden Namen »Alpenblitz« und ein Karussell.

Lena nickte eifrig. »Ja, und drüben im Park wird es später Musik geben.«

»Aber wo sind die Pfadfinder?«, fragte Matteo.

Sam grinste. Er hatte seinen Freund durchschaut und wusste genau, dass dieser insgeheim hoffte, Chat zu treffen.

»Da drüben sind sie. Dort, wo die vielen Kinder Schlange stehen.« Amélie deutete zum Eingang des kleinen Stadtparks. Unter den ersten Bäumen neben den Wartenden waren mehrere

Pfadfinderinnen in braunen Hemden zu sehen. »Die haben eine Seilbahn gebaut!«

Die MounTeens drängten sich durch die dichter werdende Menschenmenge. Die ganze Stadt schien auf den Beinen zu sein. Auf dem Weg Richtung Park begegneten sie erst Lenas Mutter, die mit Herrn Glauser, dem Chef der Bergbahnen, sprach. Etwas später sahen sie Makarenko, der sich mit Hansen unterhielt, während Sergej unbeteiligt danebenstand.

»Seht mal, da ist Ryans Vater!«, sagte Amélie und zeigte zum Bratwurststand. »Was ist denn mit dem los?« Thomas Beck stand in der Warteschlange und hielt den Kopf gesenkt. Seine ganze Körperhaltung liess darauf schliessen, dass er unglücklich sein musste.

»Sieht geknickt aus«, stellte Lena trocken fest.

»Vielleicht musste er einsehen, dass seine Schadenersatzklage keine Chance hat«, sagte Sam hoffnungsvoll.

Die MounTeens hatten die ersten Bäume des Parks erreicht. Matteo ging auf Chat zu, die dem vordersten Kind der Warteschlange gerade dabei half, in einen Klettergurt zu steigen. Dieser wurde gebraucht, um die Passagiere mit einem Karabiner und einem Seil an der Seilbahnrolle zu befestigen. Chat hievte den kleinen Jungen hoch, Mano hängte den Karabiner ein und eine der Leiterinnen sicherte die rasante Fahrt zwischen zwei Bäumen mit einem zusätzlichen Seil, das an der Rolle befestigt war. Der Junge jauchzte vor Freude.

»Scheint ja ein echter Renner zu sein, euer Angebot!«, sagte Matteo, worauf Chat sich lachend zu ihm umwandte.

»Hab dich gar nicht kommen hören, Mute!« Sie half dem nächsten Mädchen, in den Klettergurt zu steigen. »Wollt ihr auch mal? Das hält sogar Erwachsene.«

Allein der Gedanke, von Chat »ausgerüstet« zu werden, gefiel Matteo, weshalb er nicht zögerte und sich in die Warteschlange einreihte. Das Ganze war durchdacht organisiert: Am Ende der etwa fünfzig Meter langen Fahrt standen zwei Leiterinnen, welche die Seilbahnfahrenden hochhoben, damit ein weiterer Pfadfinder den Karabiner von der Rolle lösen und den Fahrgästen wieder aus dem Klettergurt helfen konnte.

Matteo war an der Reihe. Er hob den Daumen. In sausender Fahrt ging es über den Park, bis die Rollen von zwei Sicherheitsseilen abgebremst wurden. Während sich die Pfadfinder danach abmühten, ihn vom Karabiner zu lösen, hielt sich Matteo an einem Ast fest und schaute sich um. Der Baum gehörte zu den äussersten des Parks. Gleich dahinter befand sich ein Parkplatz, auf dem Matteo Makarenkos weisser Jaguar ins Auge stach. Gerade als er seinen Blick wieder abwenden wollte, fiel ihm eine Bewegung zwischen den parkierten Wagen auf. Da duckte sich doch jemand und versteckte sich hinter den Autos! Matteo sah genauer hin. Nun wirkte alles ruhig. Er überlegte. Sollte er nachschauen gehen? Der Ort schien für Diebe wie geschaffen. Auf der einen

Seite war der Parkplatz durch die dicht stehenden Bäume und Büsche des Stadtparks vor Blicken geschützt, auf der anderen Seite befand sich die fensterlose Rückwand eines Hauskomplexes, auf der nur ein grosses Werbeplakat für das Skigebiet von Bad Lärchenberg prangte.

Die Pfadfinder hatten Matteo unterdessen vom Seil gelöst. Schnell entledigte er sich des Klettergurts und gab ihn dankend zurück, ohne den Parkplatz aus den Augen zu lassen.

Da! Eine Bewegung gleich hinter Makarenkos Wagen. Matteo sah durch die getönten Scheiben nur den groben Umriss einer mittelgrossen Person. Es war schwierig zu sagen, ob es sich um eine Frau oder einen Mann handelte. Er überlegte. Sicher wäre es besser gewesen, wenn er die anderen hätte holen können, aber nun galt es schnell zu reagieren!

Matteo rannte los, schlug sich durch ein paar Büsche und befand sich wenige Sekunden später auf dem Parkplatz. Makarenkos Jaguar stand vier Reihen weiter. War die Person verschwunden? Oder kauerte sie zwischen den geparkten Wagen? Matteo schlich näher. Als er nur noch zwei Autos vom weissen Jaguar entfernt war, hielt er an und legte sich flach auf den Boden. Unter den Fahrzeugen hindurch konnte er jemanden in blauen Jeans und mit schwarzen Sneakers neben dem linken Vorderreifen von Makarenkos Jaguar knien sehen. Oberkörper und Gesicht waren aus seiner Perspektive aber nicht zu erkennen. Was tat die Person dort? Die versteckte sich jedenfalls nicht bloss, sondern manipulierte irgendwie am Rad herum. Eine Hand kam ins Blickfeld. Sie umschloss einen Gegenstand, der nun neben dem rechten Fuss abgelegt wurde. Was war das? Ein Messer? Matteos Herz schlug schneller. Das konnte gefährlich werden. Er überlegte, ob er nicht besser verschwinden und die Polizei rufen sollte. Plötzlich wurde ihm klar, was hier lief. Es ging gar nicht um Diebstahl! Und das Messer wurde auch nicht gebraucht, um ihn oder jemand anderen zu bedrohen. Nein, hier wurden Reifen aufgeschlitzt! Matteo nahm allen Mut zusammen, stand auf, hieb auf die Motorhaube des Fahrzeuges vor ihm, um möglichst viel Lärm zu machen, und liess ein lautes »Hey, hau ab!« folgen.

Sein Plan ging auf. Hinter Makarenkos Auto sprang eine Gestalt in dunkelblauem Kapuzenpullover auf und rannte davon. Ein Mann zweifellos, das Gesicht hatte Matteo allerdings nicht erkannt. Er überlegte, ob er dem Flüchtenden folgen sollte, aber angesichts des Messers schien ihm das dann doch zu gefährlich. Ausserdem hatte der Kerl schon zwanzig Meter Vorsprung und bog soeben um die nächste Hausecke. Den würde er nicht mehr erwischen! Stattdessen umrundete Matteo den weissen Jaguar. Seine Vermutung war richtig – der Wagen hatte zwei platte Reifen! Ein Gegenstand unter Makarenkos Auto weckte Matteos Aufmerksamkeit. Das Messer! Der Täter musste es am Boden liegengelassen und beim Wegrennen mit dem Fuss unter den Wagen gestossen haben. Matteo fischte es hervor: ein Jagdmesser mit langer, spitzer Klinge und einem Holzschaft, wie es sein Grossvater in Italien immer getragen hatte. Er prüfte, ob die Reifen des nebenan parkierten Fahrzeuges ebenfalls aufgeschlitzt worden waren. Nein, die sahen intakt aus.

Wenig später hatte Matteo festgestellt, dass auch alle anderen benachbarten Autos keine aufgeschlitzten Pneus aufwiesen. Es ging also nicht um blinden Vandalismus, sondern um eine gezielte Aktion gegen Makarenko. Er kniete sich hin und betrachtete den zerstochenen Reifen. Es waren diverse Einstichstellen zu sehen. Da hatte jemand ganze Arbeit geleistet!

Matteo hörte Schritte, die sich näherten.

Plötzlich wurde ihm bewusst, wie das für jemanden aussah, der nun vorbeikommen würde. Es wäre sonnenklar, dass er die Tat verübt haben musste. Er rollte sich unters Auto und schaute voller Angst auf die näherkommenden Füsse. Braune Sandalen, stellte er fest. Wenigstens keine schwarzen Sneakers! Es war also nicht der Täter, der an den Tatort zurückkehrte. Matteo schüttelte den Kopf. Er hatte wohl zu viele Krimis geschaut. Er entspannte sich ein wenig.

Der Sandalenträger ging vorbei. Matteo kroch unter dem Fahrzeug hervor, wickelte das Messer in sein T-Shirt und rappelte sich hoch. Möglichst unauffällig entfernte er sich von Makarenkos Wagen. Er zwang sich, langsam zu gehen, bevor er im Park zu rennen begann. Matteo brannte darauf, den anderen alles erzählen zu können.

Halb acht. Sam wunderte sich. Wo Matteo nur blieb? Sie hatten gesehen, wie er nach der Seilbahn-Fahrt aus dem Klettergurt gestiegen war, und warteten nun schon eine Viertelstunde darauf, dass er sich den Weg zurück zu ihnen bahnen würde.

»Da kommt er!« Amélie sah ihn als Erste.

»Scheint ja mächtig aufgeregt zu sein«, stellte Lena belustigt fest. »Und alles wegen dieser Fahrt?«

Matteo kam atemlos angerannt. »Wisst ihr, was ich soeben beobachtet habe?«, sprudelte es aus ihm hervor. »Drüben auf dem Parkplatz hinter den Bäumen ...«, er schnappte nach Luft, »wurden soeben Reifen zerstochen.« Er wickelte das Messer aus seinem T-Shirt. Die anderen MounTeens wichen erschrocken einen Schritt zurück.

»Wie kommst du zu diesem Messer? Sag nur, du hast es dem Täter abgenommen, du Teufelskerl.« Sam schlug seinem Freund anerkennend auf die Schulter.

»Nicht ganz«, gab Matteo zu und erzählte in allen Einzelheiten, was auf dem Parkplatz passiert war.

»Bist du sicher, dass nur Makarenkos Wagen betroffen ist?«, fragte Lena.

»Ja, hundertprozentig. Das ist eine gezielte Aktion gegen ihn.«

Sam nickte. »So langsam glaube ich, dass Makarenko nicht Täter, sondern Opfer ist.«

Amélie nickte ernst. »Ja, der wird bedroht und erpresst. Erst der Brief unter dem Scheibenwischer. Jetzt das ...«

Lena kramte ihr Handy hervor und las die Nachricht, die sie am Mittag fotografiert hatte, nochmals.

Du bist in meiner Hand, Makarenko!
Also erfülle meine Forderung, wenn dir dein Ruf lieb ist!

»Offenbar wurde die Forderung noch nicht erfüllt.« Lena putzte ihre Brille und setzte sie wieder auf. »Aber das Pneuzerstechen hat doch nichts mit Makarenkos Ruf zu tun, oder?«

»Nein, es ist eher eine weitere Drohung des Erpressers, um zu zeigen, dass es ihm ernst ist«, vermutete Matteo. »So im Sinne von: Erst zerstöre ich dein Auto, dann deinen Ruf.«

»Und du hast nicht erkannt, wer es war, Berti?«, fragte Sam.

Matteo schüttelte den Kopf. »Es ging zu schnell.«

»Wollen wir es Makarenko erzählen? Dort sitzt er nämlich.« Amélie zeigte zu den Stühlen vor der improvisierten Bühne, wo in Kürze das erste Konzert beginnen sollte. Neben ihm sassen Sergej und Hansen, mit denen er sich gestenreich unterhielt.

»Das würde ich nicht«, entgegnete Lena. »Am Schluss machen wir uns noch selbst verdächtig. Meine Mutter weiss, dass ich für den Typ nichts übrighabe. Und Matteo hat das Messer angefasst. Zudem ist das unser Fall und wir haben ein entscheidendes Beweismittel.«

»Da drüben kommt sie übrigens, deine Mutter.« Sam zeigte auf den Eingang des Parks. Anna Sander sprach noch immer mit

Herrn Glauser. Sie schien ebenfalls zum Konzert gehen zu wollen. Jedenfalls verabschiedete sie sich nun vom Chef der Bergbahnen und steuerte auf Makarenko zu. Der Russe setzte sein charmantestes Lächeln auf, als er die Tourismusdirektorin auf sich zukommen sah.

»Wie ich diesen falschen Kerl hasse!«, murmelte Lena. »Geschieht ihm eigentlich ganz recht, dass seine Reifen zerstochen wurden!«

Hieb- und stichfest

»Meinst du, die Polizei hätte die Fingerabdrücke am Messer genommen, Sam?« Matteo plagte das schlechte Gewissen, weil sie das Jagdmesser mitgenommen und das Ganze nicht der Polizei gemeldet hatten. Die MounTeens sassen vor ihren Zelten. Die Freude an den Attraktionen des Sommerfestes war ihnen nach dem Vorfall vergangen, sodass sie das Gelände bereits um acht Uhr wieder verlassen hatten.

»Ehrlich gesagt, glaube ich das nicht. Die werden bei einer Anzeige von einem Vandalenakt ausgehen und erst einmal abklären, ob jemand etwas gesehen hat. Fingerabdrücke sind im Prinzip ja nur hilfreich, falls der Täter vorbestraft und bereits registriert ist. Oder zur Überprüfung, wenn man einen Verdächtigen verhaftet. In diesem Fall hätte die Polizei den Aufwand kaum betrieben. Es ist ja kein Mord passiert.« Ganz genau wusste Sam es natürlich nicht, aber er wollte seinen Freund nicht zusätzlich verunsichern. »Und falls ich von meinem Vater höre, dass sie eine heisse Spur haben, können wir das Messer immer noch abgeben und sagen, dass wir es am Sommerfest im Gebüsch gefunden hätten.«

»Gute Idee.« Matteo wirkte zwar nicht ganz überzeugt, aber fürs Erste wenigstens etwas beruhigt. Er drehte das Messer in seinen Händen und betrachtete den Holzschaft näher. »Eine Schweizer Marke, schon recht alt, viele Gebrauchsspuren. Hier hat es eine tiefe Kerbe und einen dunkleren Fleck. Und seht euch mal die Klinge an. Die Spitze ist abgebrochen. Ob das beim Pneuaufschlitzen passiert ist?«

»Pass auf, dass du dich nicht schneidest!«, rief eine Stimme hinter dem Zelt. Die MounTeens fuhren herum.

»Mano, Chat! Ihr seid es!« Amélie stand die Erleichterung ins Gesicht geschrieben, nachdem ihr der Schreck erst tüchtig in die Glieder gefahren war. »Was macht ihr denn hier?«

Mano grinste. »Wir haben mal getestet, ob das Anschleichen, wie wir es hier im Wildwest-Lager als Indianer geübt haben, auch wirklich klappt.«

»Ihr habt uns jedenfalls nicht gehört, oder?« Chat registrierte zufrieden, wie die MounTeens den Kopf schüttelten. »Aber ihr fragt uns ja, was wir hier tun. Kurz nach acht beschlossen die Leiter, die Seilbahn wieder abzumontieren. War übrigens ein voller Erfolg! Auf dem Heimweg vom Sommerfest haben wir von dort unten dann gesehen, dass ihr vor den Zelten sitzt.« Chat zeigte auf den Weg, der an Bergers Haus vorbei Richtung Rodelbahn führte. »Die anderen sind schon zum Lagerplatz gegangen, aber wir wollten noch kurz bei euch vorbeischauen.«

»Jederzeit willkommen«, sagte Matteo und zeigte einladend neben sich auf den Boden.

Chat und Mano setzten sich im Schneidersitz zu den MounTeens.

»Was ist das für ein Messer?«, fragte Mano interessiert. »Zeig mal!«

Matteo händigte ihm das Beweismittel aus und überlegte, was er darüber verraten wollte.

Mano drehte das Messer in seinen Händen. »Ich kenne es. Damit habe ich den Totempfahl geschnitzt.« Er schaute die MounTeens fragend an. »Woher habt ihr es?«

Lena war die Erste, die ihre Sprache wiederfand. »Gefunden«, sagte sie betont gleichgültig, um sich ihre Aufregung nicht anmerken zu lassen. War es möglich, dass die Pfadfinder mit dieser Aktion auf dem Parkplatz etwas zu tun hatten? »Wem gehört das Messer denn, Mano?«

»Es gehört Bauer Berger. Wir haben es vor ein paar Tagen von ihm ausgeliehen.«

Berger? Lena vergass vor Aufregung fast zu atmen. Wie passte das zusammen? Lena bedeutete den anderen MounTeens mit einem warnenden Blick, nichts von den Ereignissen am Sommerfest zu erzählen. Man wusste ja nie. »Bist du dir absolut sicher, Mano?«

»Ja, natürlich. Ich hatte das Messer immerhin einige Tage lang in der Hand. Und an diesen Fleck hier am Holzschaft erinnere ich mich sehr gut. Kein Zweifel. Das ist Bergers Messer. Ich dachte eigentlich, wir hätten es zurückgegeben.«

»Wir bringen es ihm morgen«, sagte Lena schnell.

Chat nickte. »Sehr gut.« Sie schaute zu Mano. »Gehen wir los? Nicht, dass sich unsere Leiter noch Sorgen darüber machen, wo wir bleiben.«

Kaum waren Chat und Mano ausser Hörweite, steckten die MounTeens die Köpfe zusammen, um die neuen Informationen einzuordnen.

»Das kann doch kein Zufall sein!«, sagte Sam. »Immer wieder Berger! Zuerst versucht er, die Rodelbahn mit allen Mitteln zu verhindern. Als sie dennoch gebaut und eröffnet wird, legt er vermutlich den Ast über die Bahn. Wir wissen ja nicht, ob es wirklich die Hansen-Zwillinge waren. Dann versucht er, mit Makarenko gemeinsame Sache zu machen, doch irgendwie scheitert das mitternächtliche Treffen im Rodeldepot – eventuell auch, weil Matteo unerwartet auftaucht. Danach verändern sich die Dinge scheinbar. Er beginnt, Makarenko mit Botschaften zu erpressen. Und heute Abend greift er schliesslich zum Messer und zersticht die Reifen ...«

»Deine Theorie hat zwei Schwächen«, unterbrach ihn Matteo. »Einerseits haben wir ausser dem Messer keine Beweise und anderseits weiss ich etwas ganz sicher: Der Kapuzenmann war auf keinen Fall Berger!«

Sam schaute seinen Freund konsterniert an. »Warum nicht, Berti? Du hast ihn ja nicht erkannt.«

»Das nicht, aber wie er sich bewegt hat und weggerannt ist, kann er nicht älter als fünfzig gewesen sein. Berger hingegen bewegt sich doch recht schwerfällig, wie wir ja alle wissen. Und Sneakers trägt er auch keine. Der Reifenzerstecher hatte vielleicht Bergers Messer, aber er war definitiv nicht Berger selbst.«

»Und wenn doch jemand aus der Pfadfindergruppe ...?«, begann Lena, wagte jedoch nicht, ihren Verdacht laut auszusprechen.

»Unmöglich.« Matteo schüttelte entschieden den Kopf. »Wir haben sie ja fast alle kennengelernt. So etwas würden die nie tun.«

»Ich glaube es ja auch nicht, aber wenn Berger uns nun glaubhaft versichern könnte, dass die Pfadfinder das Messer gar nicht zurückgegeben haben ...«, fuhr Lena weiter.

»Dann gäbe es bestimmt eine andere Erklärung. Für Chat und ihre Freunde lege ich meine Hand ins Feuer.« Matteo stand auf. »Apropos Feuer, wollen wir uns auf dem Gaskocher nochmals einen heissen Tee machen? Es ist kalt geworden.«

Am nächsten Morgen wurden Sam und Matteo weder von Chat noch von der aufgehenden Sonne geweckt. Es war der schneller werdende Rhythmus von auf die Zeltplane fallenden Regentropfen, der die beiden verschlafen blinzeln liess.

»Muss das sein?«, stöhnte Sam. »Ich mag keinen Regen, wenn ich zelte.« Wie auf Kommando wurde das Prasseln auf dem Zeltdach stärker. »Wird alles nass so!«

»Ja, das hat Regen so an sich«, spasste Matteo.

»Ich mag das Zelt eben nicht feucht einpacken, Mann!«

»Ach so. Dann lassen wir es einfach stehen, bis die Sonne es trocknet.«

»Die scheint gerade in Strömen, du Scherzkeks.«

»Easy, Sam! Ich glaube, der Regen lässt bald wieder nach.« Matteo drehte sich zur Seite und beschloss, vorerst einmal weiterzudösen, bis sich das Wetter etwas beruhigen würde.

Eine Stunde später standen die MounTeens vor Bergers Haus.

»Mal sehen, ob wir hier der Lösung des Falles einen Schritt näher kommen.« Lena klingelte.

Berger öffnete die Tür. »Morgen, ihr Camper! Habt ihr den Regen gut überstanden?« Er schaute zum Himmel. »Lange gehts nicht mehr, dann kommt wieder die Sonne.«

Matteo zwinkerte Sam zu. »Siehst du! Genau wie ich es gesagt habe. Die Zelte sind am Mittag trocken.«

»Wir wollten uns bei Ihnen bedanken, dass wir zwei Nächte hier oben campieren durften«, sagte Amélie.

»Sehr gerne. Kommt jederzeit wieder.« Berger lächelte.

Konnte so jemand wirklich hinter all den Gemeinheiten stecken, die passiert waren, fragte sich Amélie. Sie glaubte es nicht, schaute aber dennoch wie vereinbart zu Matteo, der nun das Jagdmesser hervorzog, das er in seiner Regenjacke verstaut hatte.

»Ist das Ihr Messer?«, fragte er.

Berger runzelte die Stirn. »Ja, aber woher ...?«

»Wir haben es gefunden.« Matteo präzisierte bewusst nicht, wo und wann, um Berger etwas zappeln zu lassen.

Der Bauer fasste sich an die Stirn. »Ich muss langsam alt werden«, sagte er mehr zu sich selbst als an die MounTeens gewandt.

»Die Pfadfinder haben es doch vorgestern zurückgebracht und ich habe es in meine Küchenschublade gelegt.«

Matteo lächelte triumphierend. Seht ihr, versuchte er den anderen stumm mitzuteilen, die Pfadfinder waren es nicht!

»Aber wo habt ihr es denn gefunden? Ist es im Garten liegengeblieben? Nein, das kann nicht sein. Gestern habe ich es doch überhaupt nicht gebraucht.« Berger sah die MounTeens verwirrt an.

»Es lag gleich hier neben dem Gartentor«, log Matteo. Er überreichte dem Bauern sein Jagdmesser und fragte: »Waren Sie gestern auch am Sommerfest?«

Sam beobachtete genau, wie Berger reagierte. Dieser zuckte allerdings nicht mit der Wimper. Falls er tatsächlich jemanden angestellt hatte, um Makarenkos Reifen aufzuschlitzen, war er ein toller Schauspieler. Es schien jedenfalls so, als würde er das Messer in keiner Weise mit dem Sommerfest in Verbindung bringen.

»Nett, dass ihr fragt. Nein, ich hatte im Garten zu tun.« Er sah Matteo an. »Ich weiss aber, dass ihr da wart.« Er zögerte kurz. »Und die Pfadfinder auch, wie ich hörte.«

»Von wem haben Sie denn das gehört?«, fragte Amélie schnell und versuchte, so wenig argwöhnisch wie möglich zu klingen.

»Von Tornado, dem Pfadfinder, der gestern Abend wegen der Abrechnung vorbeigekommen ist. Ihr wisst ja, die Milch. Aber erzählt lieber, wie es am Sommerfest war. Hat die Seilbahn funktioniert?«

Es blieb den MounTeens nichts anderes übrig, als kurz über den letzten Abend und die besondere Attraktion der Pfadfinder zu berichten. Dann verabschiedeten sie sich höflich.

»Berger hätte wohl gerne noch länger mit uns gesprochen«, sagte Amélie. »Mir tut er etwas leid. Er ist immer so alleine hier oben und hat niemanden zum Reden.«

»Vergiss nicht, dass du von einem unserer Hauptverdächtigen sprichst«, mahnte Lena. »Ich gebe zu, dass er heute ehrlich überrascht wirkte und ich ihn sympathisch fand, aber wir sollten den alten Mann nicht unterschätzen.«

»Ganz meine Meinung, Lena«, pflichtete ihr Sam bei. »Berger ist doch nicht halb so verdattert, wie er das heute vorgab. Der ist noch richtig gut beisammen im Kopf und körperlich rüstig.«

»Lasst uns deshalb zur Sicherheit sein Alibi prüfen, auch wenn wohl keiner glaubt, dass er der Pneustecher ist, oder?« Lena entsperrte ihr Handy.

»Alibi?«, fragte Sam.

»Ja, ich frage Chat, ob Tornado gestern Abend im Lager blieb und wann er Berger allenfalls traf. Ich muss ihr halt sagen, dass es um den Fall geht und dass wir nur gegen Berger und nicht gegen die Pfadfinder ermitteln.«

»Verstehe«, sagte Sam. »Falls Tornado zwischen sechs und halb acht bei Berger war, kann dieser definitiv nicht der Mann auf dem Parkplatz gewesen sein.«

»Ganz richtig, du Meisterdetektiv!«

Zwanzig Minuten später spürte Lena ihr Smartphone in der Hosentasche vibrieren. Sie prüfte Chats Nachricht und las vor:

Tornado ist gestern im Lager geblieben. Hat sich den Fuss verknackst und konnte nicht ins Tal wandern. Er traf Berger für die Abrechnung kurz nach sieben, wie er sagte. Hilft das weiter?
LG
Chat

»Klar hilft das weiter.« Matteo rieb sich das Kinn. »Das ist ein hieb- und stichfestes Alibi.«
Lena konnte dem Wortspiel nicht widerstehen und witzelte: »Das Alibi ist jedenfalls stichfester als Makarenkos Reifen«.

Die Blumenkiste hört mit!

Die MounTeens stiegen in die Gondel der Lärchenalpbahn. Sam hatte Dirk Beermann versprochen, im Service auszuhelfen, weil eine Kellnerin krank geworden war und im Hotel Montana deshalb ein Personalengpass herrschte. Dirk trainierte Sams Eishockeymannschaft und die MounTeens waren freundschaftlich mit dem Deutschen verbunden, insbesondere seit sie ihm bei einem Mobbingfall rund um sein Hotel geholfen hatten. Sam arbeitet oft im Hotel mit und Dirk hatte ihm sogar ein Angestelltenzimmer überlassen, da die letzte Gondel um zehn Uhr nachts fuhr und Sams Schicht manchmal länger dauerte. Das Zimmer diente aber auch immer wieder als Hauptquartier der MounTeens, weshalb sich alle freuten, den Donnerstagnachmittag auf der autofreien Alp hoch über Bad Lärchenberg zu verbringen.

»Zeit, dass ich mich nach zwei Tagen zelten wieder mal zu Hause melde«, sagte Matteo lachend, nachdem die Gondel in der Bergstation angekommen war und der Gondelführer die quietschenden Türen geöffnet hatte. Matteo wohnte als Einziger der vier Freunde auf der Lärchenalp, weil seine Eltern dort das Hotel Regina führten.

Er trat aus der Station und blinzelte in die Sonne. »Da ist sie ja wieder. Wenn wir noch etwas länger hätten warten können, wären die Zelte trocken gewesen.« Er konnte sich den Seitenhieb an Sam nicht verkneifen. Dieser hatte sich am Morgen beim Zusammenpacken fürchterlich aufgeregt, dass er sein Zelt nass einrollen musste. »Aber Sam wurde ja um zwei hier oben erwartet.«

Sam zuckte mit den Schultern. »Ich konnte Dirk nicht absagen. So habe ich die nassen Zelte halt zu Hause im Garten noch einmal aufgebaut.«

»Mit meiner Hilfe«, stellte Matteo klar. Er hatte bei Sam gegessen, während Amélie und Lena zum Mittagessen kurz nach Hause zurückgekehrt waren. »Geht ihr schon mal zu Dirk. Ich mache einen Abstecher und sage meinen Eltern Bescheid, dass ich wieder hier bin. Wir treffen uns im Hauptquartier, okay?« Er wartete die Antwort nicht ab und steuerte direkt auf das Hotel Regina zu, während sich die anderen MounTeens zur Terrasse des Hotels Montana begaben.

»Seht mal, da ist ja Herr Glauser!« Sam winkte dem Chef der Bergbahnen zu. »Er scheint gut gelaunt zu sein.«

Glauser kam auf sie zu und begrüsste sie. »Hallo, ihr Detektive!«

Die MounTeens wunderten sich schon lange nicht mehr, dass man sie in Bad Lärchenberg so ansprach. »Sie wirken so zufrieden«, sagte Lena. »Gibt es Neuigkeiten wegen der Klage?«

»Ja.« Glauser strahlte. »Seit heute Morgen habe ich keine Sorgen mehr.«

Die MounTeens sahen ihn fragend an.

»Ich habe Thomas Beck angerufen. Eigentlich wollte ich bloss in aller Ruhe mit ihm reden und ihn irgendwie davon überzeugen, die Klage fallenzulassen. Dabei stellte ich fest, dass der arme Mann total niedergeschlagen war. Er hat keinen Job mehr, wisst ihr. Und offenbar fehlt ihm auch das Geld für eine Klage. Ich habe ihm eine Stelle bei uns in Aussicht gestellt ...«

»Wenn er nicht gegen die Bergbahnen klagt, versteht sich.« Lena hatte den Deal durchschaut.

»Das habe ich nicht gesagt, aber er muss es so verstanden haben.« Glauser lächelte verschmitzt. »Ich glaube, wir haben uns irgendwie gütlich geeinigt, könnte man sagen.«

»Ein schlauer Fuchs, dieser Glauser!«, sagte Lena, als Amélie und sie wenig später das stickige Hauptquartier betraten.

»Ich finde es äusserst sympathisch, dass er Herrn Beck eine Chance geben will«, erwiderte Amélie. Sie schritt zum Fenster und liess frische Luft ins Zimmer strömen. »Ah, schon besser!«

Die Mädchen waren alleine im Hauptquartier. Sam war bereits am Servieren und Matteo noch immer drüben im benachbarten Hotel Regina, das seine Eltern seit vielen Jahren führten.

Amélies Handy klingelte.

»Ja, Sam, was gibts? ... Wie meinst du? ... Makarenko und Hansen? In die Geranien? ... Verstehe, gute Idee! ... Ja, machen wir. ... Tschüss!«

Lena schaute ihre Freundin gespannt an. »Was läuft?«

»Sam nahm soeben bei Hansen und Makarenko, die draussen auf der Terrasse sitzen, die Bestellung auf. Er hat eine coole Idee, wie wir hören können, was die beiden miteinander besprechen. Wirklich schlau, finde ich.«

»Sag schon!«, unterbrach sie Lena ungeduldig.

»Am Geländer der Terrasse hängen Blumenkisten mit Geranien drin. Eine davon befindet sich genau beim Tisch von Hansen und Makarenko. Sam hat nicht aufgehängt. Er will nun sein Handy dort in die Blumen gleiten lassen, wenn er den beiden die Getränke bringt.«

Lena legte den rechten Zeigefinger an ihre Lippen. »Dann sollten wir aber ab sofort nichts mehr sagen, oder? Wenn aus den Geranien Mädchenstimmen klingen, werden sie die Abhöraktion schnell entdecken.« Sie legte ihr Ohr an Amélies Handy, das nun zwischen den Köpfen der beiden Mädchen eingeklemmt war. »Ich höre Dirks Stimme. Sam ist wohl noch beim Getränkeholen am Buffet. Drück auf den Lautsprecher zum Mithören, dann nehme ich alles mit meinem Handy auf!«

Sam trat nervös von einem Fuss auf den anderen. Er wartete, bis ihm Dirk die zwei bestellten Tassen Kaffee auf den Tresen stellte. Ob das wohl klappte? Mit einem Blick aufs Display prüfte er, ob die Verbindung zu Amélie noch stand. Schien alles okay zu sein. Auch der Akkustand war genug hoch. Sam verstaute das Smartphone in seiner Hosentasche, stellte die Tassen auf sein Serviertablett und durchquerte die Gaststube. Er zögerte. Er wusste, dass eine solche Abhöraktion nicht wirklich legal war. Sein Vater brauchte immer eine Bewilligung, wenn jemand bespitzelt werden sollte. Der Zweck heiligte hier aber die Mittel, oder nicht? Sam straffte seine Schultern und trat entschlossen durch die offene Tür zur Hotelterrasse. Er hatte seine Entscheidung getroffen. Was sie hier taten, war schliesslich zum Wohle Bad Lärchenbergs. Auf dem Weg zum Tisch von Hansen und Makarenko überkamen ihn erneut Zweifel. Warum war er so misstrauisch, wenn der lokale Baulöwe und ein reicher Investor ihre Köpfe zusammensteckten? Wäre es nicht gerade zum Wohle Bad Lärchenbergs, wenn Geld in neue Bauprojekte flösse? Er stellte das Tablett auf den Tisch. Makarenko und Hansen beachteten ihn nicht. Umso besser! Mit einem freundlichen »Bitteschön!« servierte er die Kaffeetassen, bevor er das Tablett so drehte, dass es genügend Blickschutz bot, um mit der rechten Hand das Smartphone aus der Hosentasche zu nehmen und unbemerkt in die Geranien gleiten zu lassen. Sam hatte Glück. Das Handy war unter den Blättern nicht zu sehen. Nun blieb zu hoffen, dass die Verbindung gut genug sein würde.

Zwei Stockwerke über ihm hörten Amélie und Lena gedämpfte Stimmen. Makarenko und Hansen! Es klappte!

»... das neue Projekt hier oben«, hörten sie Hansen sagen. »Deshalb wollte ich dich auch hier treffen, Viktor. Wenn du die Bergbahnen übernehmen kannst, wäre das sicher interessant für dich, oder?«

Die Mädchen hielten die Luft an. Volltreffer! Sie hörten Makarenko laut seufzen.

»Weisst du, Peter«, sagte er in fast perfektem Deutsch, aber mit starkem russischem Akzent, »die Dinge haben sich geändert.«

»Was willst du damit sagen?«, fragte Hansen verwirrt.

»Ich habe meine Unterstützung bei Becks Klage zurückgezogen.«

»Aber weshalb? Das wäre doch unsere Chance ... ich meine deine Chance gewesen, um die Bahnen in den Konkurs zu treiben.« Hansen klang verzweifelt.

Lena schaute Amélie grimmig an. Der Baulöwe war genau, wie sie gedacht hatte: geldgierig und skrupellos.

»Es war mir zu riskant«, sagte Makarenko.

»Worin lag das Risiko? Niemand hätte doch davon erfahren und du ...«

»Es lag nicht daran, dass die Geldüberweisung an Beck aufgeflogen wäre«, unterbrach ihn Makarenko ungeduldig. »Ich wurde erpresst.«

Amélie stellte sich vor, wie Hansen mit offenem Mund dasass. Jedenfalls war einen Moment lang keine Reaktion zu hören.

»Von wem denn?«, fragte der Bauunternehmer und aus seiner Stimme sprach Fassungslosigkeit.

»Das weiss ich nicht.« Makarenko klang zornig. »Man lockte Sergej und mich in einen Hinterhalt.«

»Hinterhalt? Ich verstehe gar nichts mehr.«

»Es begann am Dienstagmorgen«, holte Makarenko aus. »Sergej fand einen Zettel unter dem Scheibenwischer unseres Wagens, wo es hiess, ich solle meine Unterstützung der Klage zurückziehen und stattdessen am Dienstag um Mitternacht zum Rodeldepot kommen. Es lohne sich für mich, hiess es.« Makarenko holte tief Luft. »Um Mitternacht standen Sergej und ich also im geparkten Wagen unten an der Rodelbahn und warteten. Als nichts passierte und niemand auftauchte, umrundeten Sergej und ich gegen halb eins den Schuppen, um sicher zu sein, dass wir die anonyme Person nicht verpasst hatten.«

»Und habt ihr sie getroffen?«

»Nein, GM tauchte nicht auf. Einer der Briefe war unterschrieben mit GM, weisst du.«

»GM wie ›General Manager‹?«, fragte Hansen nach. »Ein Boss einer grossen Firma vielleicht?«

»Das habe ich erst auch gedacht, aber wer will denn um Mitternacht mit mir Geschäfte machen?«

»Keine Ahnung. Aber du sagtest vorher Briefe in der Mehrzahl, Viktor?«

»Ja, das kommt später. Es war nun jedenfalls halb ein Uhr nachts und ich hatte die Schnauze gestrichen voll. Und dann beging ich den entscheidenden Fehler.« Makarenko machte eine Kunstpause. »Ich habe an der Tür des Schuppens gerüttelt und festgestellt, dass sie offen war. Also bin ich eingetreten.«

»Was ist daran so schlimm?«

»Die Videokamera, lieber Peter. Kaum war ich drin, ging das automatische Licht an und ich sehe diese rot blinkende Videokamera, die auf den Eingang gerichtet war und bestimmt Livebilder irgendwohin schickte. Von diesem Moment an hatte mich GM in der Hand ...«

»Warum denn? Du hast ja nichts geklaut oder zerstört, nehme ich an.«

»Nein, aber stell dir vor, er hätte das Material veröffentlicht. Wie hätte ich erklären sollen, was ich dort mitten in der Nacht zu tun gedachte? Zudem hat er ja offenbar gewusst, dass ich Becks Klage finanzieren wollte.«

»Wie konnte er das eigentlich wissen?«

»Keine Ahnung. Es war mir auch egal. Ich musste meinen Ruf retten. Fast hätten wir ihn übrigens erwischt ...«

»Wen? GM?«

»Sergej hat jemanden verfolgt, der um den Schuppen geschlichen war, wurde dann aber bewusstlos geschlagen, sodass die Person entkommen konnte.«

»Ah, daher kommt die Beule«, sagte Hansen ohne Mitleid in der Stimme.

Amélie und Lena zwinkerten sich zu und dachten an Sams mutiges Eingreifen.

»Du sagtest, du wurdest erpresst?«, fragte Hansen.

»Ja, am Mittwochmittag – nach dem Essen bei der Tourismusdirektorin – klemmte ein weiterer Zettel unter dem Scheibenwischer, wo mir gedroht wurde, ich solle die Forderung nun erfüllen, sonst würde meinem Ruf geschadet.«

»Mehr stand nicht?«

»Nein, aber für mich war klar, dass alles veröffentlicht worden wäre, falls ich meine finanzielle Unterstützung nicht zurückgezogen hätte. Stell dir diesen üblen Artikel in der Zeitung vor. Es hätte geheissen: ›Makarenko will mit aller Gewalt den Bergbahnen schaden. Erst finanziert er eine Schadenersatzklage, dann legt er einen Ast auf die Bahn und zum Schluss dringt er um Mitternacht ins Rodeldepot ein.‹ Ist dir klar, wie die Leute über mich geredet hätten?«

»Also hast du Beck angerufen und ihm mitgeteilt, dass kein Geld fliessen würde.«

»Ja, der Kerl war am Boden zerstört!«

Lena nickte. Deshalb hatte Beck am Sommerfest so geknickt ausgesehen!

»Übrigens, das mit dem Ast ...«, begann Hansen.

»Das war ich nicht!«, rechtfertigte sich Makarenko.

»Ich weiss.« Hansen klang reumütig. »Das war meine Idee. Ich habe meine Söhne hochgeschickt, weil ich dachte, dass uns das zusätzlich nützen könnte.«

Amélie und Lena warfen sich vielsagende Blicke zu. Die Hansen-Zwillinge, wie sie vermutet hatten!

»Du Idiot!«, donnerte Makarenko, bevor er seine Stimme wieder senkte. »Das hätte alles gefährden können!«

»Tut mir leid, Viktor, aber du weisst, wie sehr ich mir gewünscht habe, dass du hier alles übernimmst ...«

»Das kann trotzdem noch klappen, Peter. Auch ohne Klage. Negative Presseberichte hatten sie sowieso.«

Amélie und Lena hörten, wie Stühle gerückt wurden. Offenbar waren Hansen und Makarenko aufgestanden.

»Ich bezahle an der Bar«, sagte Makarenko, dann entfernten sich die Stimmen.

Amélie beendete Sams Anruf und sah Lena aufgeregt an: »Volltreffer! Ich glaube es nicht. Hast du das alles aufgenommen? Dann hätten wir ein umfassendes Geständnis!«

Lena spielte die Aufnahme ab und nickte zufrieden. Es war jedes Wort zu verstehen.

Matteo und Sam stürmten zur Tür hinein.

»Hats geklappt?«, fragte Sam atemlos. »Ich muss gleich wieder runter. Hab gerade Matteo im Treppenhaus getroffen und von unserem Abhörversuch erzählt.«

»Ja, hört euch das an, Jungs!«

Schuldig oder nicht?

Lena stand am Fenster des Hauptquartiers und sah nachdenklich ins Tal. »Fehlt eigentlich nur noch die Auflösung, wer GM ist!«, sagte sie.

Amélie schaute zu ihr hoch. Sie sass auf dem Boden und hatte auf einem Stück Papier versucht, die Abfolge der Ereignisse aufzuzeichnen. Sam war inzwischen wieder in den Service des Restaurants zurückgekehrt.

Matteo ging unruhig im Zimmer auf und ab. »Wisst ihr, was mich beschäftigt? Irgendwie fehlt uns in diesem Fall der klassische Bösewicht. Makarenko hat gar nichts Unrechtes getan.«

»Stimmt«, sagte Amélie. »Er ist unschuldig, denn seine Absicht, die Klage zu unterstützen, ist sicher nicht strafbar.«

»Also, wenn ihr mich fragt, ist er trotzdem ein Gauner«, wandte Lena ein. »Nicht zuletzt deshalb, weil er meiner Mutter ein Theater vorspielt. Der lügt wie gedruckt und würde wohl auch über Leichen gehen.«

»Schon, aber das ist reine Spekulation. In unserem Fall ist eigentlich Makarenkos Erpresser der Verbrecher, oder?« Matteo stoppte mitten in der Bewegung. »Ich frage mich sogar, ob wir Makarenko nicht Unrecht tun. Vielleicht wären seine Millionen ein Segen für Bad Lärchenberg und den Tourismus hier.«

»Jetzt hat es aber in dein Hirn geschneit, Berti«, ärgerte sich Lena. »Schon vergessen, wie dich Sergej verfolgt hat? Möchtest du, dass hier jemand die Macht an sich reisst, der andere einschüchtert, Angeschlagenen wie zum Beispiel den Bergbahnen hinterrücks den Todesstoss versetzt, alle anlügt und zu dubiosen Geschäften um Mitternacht bereit ist? Nein, der mag noch so unschuldig sein. Sein Geld kann mir und Bad Lärchenberg gestohlen bleiben!«

»Er hat wohl tatsächlich Dreck am Stecken«, gab Matteo kleinlaut zu, »aber für unseren Fall würde ich dennoch gerne wissen, wer der anonyme Erpresser und Pneustecher ist.«

»Ich habe da so einen Verdacht.« Lena lächelte geheimnisvoll.

»Seit wann?«, fragte Amélie. »Und an wen denkst du?«

»Es ist mir soeben klargeworden, wer es sein könnte.« Sie nannte den Namen. »Was meint ihr?«

»Du ... hast ... recht«, sagte Matteo langsam. Sein Verstand arbeitete auf Hochtouren. Er ging die letzten Tage im Geist durch und wog ab, ob die Hypothese Sinn machte. Er nickte immer überzeugter. »Das ist es, Lena!«

»Es lag eigentlich auf der Hand«, sagte Amélie kopfschüttelnd.

»Dann los, worauf warten wir?« Lena ging zur Tür.

Matteo zögerte. »Du willst einfach so hineinplatzen? Was sollen wir denn sagen?«

»Die Wahrheit.«

Lena schaute auf ihr Handy. Fünf Uhr nachmittags. Die Moun-Teens hatten das Vorgehen genau besprochen und sich für die

Überrumpelungstaktik entschieden. Matteo, Lena und Amélie starrten auf die Namenstafel auf der Holztür. Das musste GM sein – ohne Zweifel! Sam hatte nicht mitkommen können, aber zu dritt würden sie es auch schaffen. Und von GM sollte ja eigentlich keine Gefahr ausgehen, dachten sie.

Sie klopften.

»Herein!«, rief eine raue Männerstimme. Amélies Nackenhaare sträubten sich. War das Ganze wirklich so ungefährlich, wie sie sich das vorgestellt hatten?

Die MounTeens traten durch die Tür.

Amélie schaute sofort auf die Hände des Mannes, um sicher zu sein, dass nicht doch eine Pistole auf sie gerichtet war.

Stattdessen aber machte der Mann eine einladende Geste und zeigte auf drei Stühle gegenüber seinem Schreibtisch. »Nehmt Platz, was gibts?«

»Herr Glauser«, begann Lena, die auf ihrem Handy in der Hosentasche das Gespräch aufnahm. »Wir möchten Sie nur eines fragen: Sind Sie GM?« Sie ging wie vereinbart gleich aufs Ganze, um das Überraschungsmoment auf ihrer Seite zu haben.

Der Chef der Bergbahnen erstarrte, wenn auch nur für einen kurzen Augenblick. Dann setzte er ein Lächeln auf. »Wovon sprecht ihr?«

Matteo zeigte auf das Messingschild auf Glausers Pult. »Manfred Glauser, kurz MG oder umgedreht eben GM. So schwierig war es nicht.«

Der Chef der Bergbahnen sagte nichts. Seine Augen huschten aber unruhig hin und her.

Amélie nahm das Notizblatt hervor und rekonstruierte den Fall: »Am Dienstagmorgen haben Sie bei Makarenko den ersten Brief unter den Scheibenwischer geklemmt. Sie forderten ihn auf, die Klage gegen die Bergbahnen zurückzuziehen. Sie stellten ihm eine Falle, indem Sie ihn am Dienstag um Mitternacht ins Rodeldepot lockten und sein Eindringen mit einer Webcam filmten.«

Glauser war bleich geworden, sagte aber noch immer nichts.

Amélie fuhr weiter: »Dann erpressten Sie ihn mit dem Brief am Mittwochmittag, der wiederum unter den Scheibenwischer geklemmt wurde. Sie hatten nun ja belastendes Material gegen ihn in der Hand. Wahrscheinlich wollten Sie den Film der Presse zuspielen, die Makarenko dann wohl genüsslich der Sabotage bezichtigt hätte. Es wäre geschrieben worden, der russische Investor versuche alles Menschenmögliche, um den Bergbahnen zu schaden, und er schrecke dabei auch vor einem mitternächtlichen Einbruch nicht zurück.«

Glauser schwieg, hatte den Blick nun aber auf die Tischplatte gesenkt.

»Um Ihrer Drohung weiter Nachdruck zu verleihen, haben Sie am Mittwochabend dann die Pneus von Makarenkos Wagen zerstochen.«

»Das war ich nicht«, sagte Glauser schnell. Er biss sich auf die Zunge.

»Das waren Sie nicht? Aber alles andere stimmt, oder?« Lena hatte Glausers Versprecher sofort bemerkt und unerbittlich nachgehakt.

Glausers Maske fiel. Er schaute die MounTeens verzweifelt an. »Ich wollte unsere Bergbahnen retten. Nicht mehr und nicht weniger. Ich habe aber nichts zerstört, niemanden getötet oder sonst etwas Unrechtes getan. Nur zwei Briefe geschrieben.«

Matteo nickte. Sie hatten einen Fehler gemacht. Glauser war ja an jenem Sommerfestabend zur Tatzeit mit Lenas Mutter im Gespräch gewesen. Er konnte nicht gleichzeitig auf dem Parkplatz gewesen sein. »Haben Sie jemanden beauftragt, die Pneus zu zerstechen?«, fragte er deshalb. »Berger zum Beispiel?«

Glauser fasste sich langsam wieder. Er blickte Matteo in die Augen. »Hör mal, ich bin beeindruckt, was ihr alles herausgefunden habt, aber nun möchte ich nicht mehr wie ein Krimineller behandelt werden. Ihr seid ja auch nicht die Polizei.«

Lena legte ihr Handy auf den Tisch. »Ihr Geständnis ist da drauf. Wir können die Polizei sehr gerne einschalten, wenn Sie das möchten.« Wie auf Kommando zückte Matteo sein Smartphone und begann zu wählen.

Glauser hob beschwichtigend die Hände. »Nein, bitte nicht. Ich erzähle euch alles, aber lasst die Polizei aus dem Spiel!«

»Das kommt darauf an, ob Sie mit den Pneus tatsächlich nichts zu tun haben«, sagte Lena knallhart, liess die Drohung einen Moment im Raum schweben und fuhr dann versöhnlicher fort:

»Alles andere ist in meinen Augen keine Straftat, weil Makarenko nichts Besseres verdient hat als ein bisschen eingeschüchtert zu werden, dieser Schleimsack.«

Glauser lachte erleichtert. »Ganz meine Meinung, Lena! Ich schwöre euch, dass ich mit diesem Vandalenakt nichts zu tun habe. Bis vor einer Minute wusste ich noch nicht einmal, dass Makarenkos Pneus zerstochen worden sind. Ich habe bloss die beiden Briefe geschrieben, um zu verhindern, dass Becks Klage finanziert wird. Bitte erzählt mir aber, wie ihr mir auf die Schliche gekommen seid.«

Lena sah ihre Freunde prüfend an. Als diese stumm nickten, begann sie zu erzählen. Glauser staunte und zeigte sich nun äusserst kooperativ, sodass sich bald eine Art verschwörerische Stimmung gegen Makarenko und eine gemeinsam gefühlte Schadenfreude einstellten.

»Wie haben Sie eigentlich davon erfahren, dass Beck von Makarenko unterstützt wird?«, fragte Amélie. »Das haben die ja bestimmt niemandem gesagt und Ihnen schon gar nicht.«

»Ich wohne am Haldenweg wie die Becks. Am späteren Montagnachmittag sah ich, wie der weisse Jaguar vorfuhr und Makarenko bei Beck klingelte. Da brauchte ich nur noch zwei und zwei zusammenzuzählen. Schliesslich weiss man schon länger von Makarenkos Interesse an den Bergbahnen.«

Amélie dachte daran, dass die MounTeens die Szene ja ebenfalls beobachtet hatten, sagte aber nichts. Stattdessen fiel ihr ein, dass sie bald nach Hause gehen sollte, um sich vor dem Treffen mit Ryan – oder sollte sie Date sagen? – frisch zu machen.

Lena ergriff das Wort: »Hören Sie, Herr Glauser, wir glauben Ihnen, werden aber noch einmal gut überdenken, wie wir weiter vorgehen.« Sie dachte daran, dass zumindest ihre Mutter dringend erfahren müsste, wie unehrlich Makarenko zu ihr war, und dass auch Sams Vater eingeweiht werden sollte. Der würde sicher wissen, wie es weiterging. »Wir werden Sie nicht in die Pfanne hauen, denn wir verstehen, dass Sie unsere Bergbahnen retten wollten. Und Makarenko trauen wir genauso wenig wie Sie!«

Glauser schaute den drei MounTeens kopfschüttelnd hinterher, als sie kurz darauf sein Büro verliessen. Wer hätte gedacht, dass er von Dreizehnjährigen überführt würde!

Geheimes »Date«

Amélie trat in die Pedale. Sie hatte sich um sieben mit Ryan verabredet. Ihre Nervosität stieg. War es wegen des Falles oder doch einfach nur, weil sie gleich mit Ryan allein in dessen Zimmer sein würde? Sie dachte an Sam, der wohl immer noch auf der Lärchenalp in Dirks Hotel arbeitete. Ihr schlechtes Gewissen plagte sie. Warum nur hatte sie keinem gesagt, wohin sie heute Abend ging? Sogar Lena hatte sie angeschwindelt. Sie müsse ihrer Mutter etwas helfen, hatte sie geantwortet, als ihre Freundin wissen wollte, ob sie sich nach dem Abendessen nochmals sehen würden. Erneut fragte sie sich, weshalb sie nicht ehrlich gewesen war. Je länger sie darüber nachdachte, desto klarer wurde ihr, dass sie sich schämte. Es war, als ob sie die MounTeens verraten würde. Sie schaute auf die Uhr und legte noch einen Zahn zu. Sie wollte auf keinen Fall zu spät kommen. Eigentlich war es ja verrückt, dass sie sich solche Gedanken machte, nur weil sie sich mit einem anderen Jungen verabredet hatte! Da war doch nichts dabei, oder? Amélie nickte entschlossen. Niemand konnte sie schliesslich zwingen, sich immer nur mit den MounTeens zu treffen. Und Sam musste auch nicht der einzige mögliche zukünftige Freund sein, oder?

Um zwei Minuten vor sieben stieg Amélie am Haldenweg 19 vom Fahrrad. Sie nahm den Helm ab, zupfte ihre langen blonden Haare zurecht und atmete tief durch.

»Hallo, Amélie!«, rief Ryan, der aus einem Fenster in der zweiten Etage lehnte und ihr zuwinkte. Er hatte wohl nach ihr Ausschau gehalten und sie schon beim Einbiegen in den Haldenweg beobachtet. »Ich komme runter.«

Er hätte auch einfach den Türsummer bedienen können, dachte Amélie, als Ryan ihr kurz darauf die Eingangstür zum Treppenhaus aufhielt. Er wollte wohl Eindruck schinden.

Sie ging hinter ihm die Treppen hoch und heftete ihren Blick auf seine graue Jogginghose. Er hatte wirklich einen schlaksigen Körper, dachte sie. Rücken, Po und Beine in einer Linie – keine Konturen, keine Körperspannung. Sei keine Idiotin, sagte sie zu sich selbst, es ging ja schliesslich nicht um Äusserlichkeiten. Die inneren Werte seien wichtig, hiess es. Warum aber schob sich ihr nun das Bild von Sams muskulösen Waden vor die Hose, die um Ryans Beine schlackerte?

In der zweiten Etage blieb Ryan neben der offenen Eingangstür stehen und forderte Amélie mit einer einladenden Geste auf, vor ihm einzutreten.

Er verhielt sich schon sehr zuvorkommend, dachte Amélie und betrat die Wohnung. Es roch etwas muffig, wie wenn selten gelüftet würde, und der süssliche Geruch von Tomatensauce hing in der Luft.

»Sind deine Eltern auch hier?«, fragte Amélie, die am Türschild den Doppelnamen »Beck-Berger« gelesen hatte.

»Meinen Vater habe ich weggeschickt.« Ryan zwinkerte ihr zu. »Und meine Mutter wohnt seit einigen Wochen nicht mehr hier.« Sein Lächeln verschwand wieder.

»Das tut mir leid«, beeilte sich Amélie zu sagen. »Das mit deiner Mutter meine ich.«

»Konntest du ja nicht wissen.« Ryan machte eine wegwerfende Handbewegung. »Ist besser so. Die haben nur gestritten. Nun führen Dad und ich einen Männerhaushalt!« Er sagte es nicht ohne Stolz.

Man sieht und riecht es, dachte Amélie, äusserte sich aber nicht dazu. Es war ja auch nicht so, dass Männer grundsätzlich keinen Haushalt schmeissen konnten. Ihre Eltern beispielsweise teilten sich die Arbeit zu Hause auf.

Peinliche Stille.

»Möchtest du etwas trinken?«, bemühte sich Ryan, ein guter Gastgeber zu sein.

»Ja, ein Glas Wasser nehme ich gerne.«

Ryan verschwand in der Küche und Amélie sah sich um. Sie fühlte sich nicht wohl. Keinerlei Anzeichen von Schmetterlingen im Bauch. Vielmehr hätte sie sich am liebsten gleich wieder verabschiedet. Sie fragte sich, woran es lag. Doch nicht bloss an der wenig einladenden Wohnung. Sie betrachtete sich im Garderobenspiegel, der etwas Staub angesetzt hatte, und sah ein schüchternes, dreizehnjähriges Mädchen, das jede Selbstsicherheit verloren zu haben schien. So wollte sie nicht wirken. Sie straffte ihre

Schultern und setzte ein Lächeln auf. Schon besser! Es war bestimmt nur die fehlende Vertrautheit mit Ryan, sagte sie sich. Sam und Matteo kannte sie ja schliesslich bereits sieben Jahre und mehr. Da war es doch logisch, dass sie sich in der Gesellschaft der MounTeens-Jungs wohler fühlte, oder? Wenn sie jetzt nur hier gewesen wären! Vor allem Sam fehlte ihr, stellte sie leicht verwundert fest. Noch vor einigen Tagen hätte sie ihn auf den Mond schiessen können. Einen konkreten Grund dafür konnte sie nicht nennen. Das sei halt die Pubertät, sagte ihre Mutter grinsend, nachdem Amélie es ihr kürzlich beim Mittagessen erzählt hatte. Da kämen Stimmungsschwankungen ganz natürlich vor, weil die Hormone der Jugendlichen verrücktspielen würden. Eine äusserst doofe Erklärung, fand Amélie. Es klang wie eine Krankheit.

Ryan kam mit zwei gefüllten Wassergläsern zurück. »Komm, ich zeig dir mein Zimmer.«

Amélie folgte ihm zögernd. Sie wollte sein Zimmer nicht mehr sehen und schon gar nicht dort mit ihm allein sein. Das hätte sie sich aber wohl besser vorher überlegt, wusste sie. Nun wäre es jedenfalls unhöflich, nicht wenigstens einen Blick hineinzuwerfen. Sie fragte sich, wie sie in diese unmögliche Situation hatte geraten können.

Ryan setzte sich aufs Bett und tätschelte mit der Handfläche auf den Platz neben sich. Amélie wählte lieber den Stuhl vor dem Schreibtisch.

»Wie geht es deiner Hirnerschütterung?«, fragte sie mehr aus Höflichkeit als aus Interesse, nachdem sie sich gefühlte zwei Minuten angeschwiegen hatten.

»Besser, danke.«

»Gut.« Amélie presste die Lippen aufeinander und nickte.

Ryan unternahm einen neuen Anlauf. »Setz dich doch zu mir. Ich zeige dir ein paar Fotos.«

Amélie setzte sich mit gebührendem Abstand neben ihn. »Was möchtest du mir zeigen?«

Ryan rückte näher. »Du magst doch Sport, oder?« Ihre Schultern berührten sich.

»Ja.« Amélie versuchte, einen weiteren Körperkontakt mit Ryan zu vermeiden. Ihr wurde bewusst, dass sich mit ihm wohl nie auch nur ein annähernd ähnliches Gefühl des Prickelns wie bei Sam einstellen würde. Wenigstens etwas Gutes hatte die Situation also, sagte sie sich und seufzte innerlich. Sie wusste nun nämlich, dass Sam hier keine Konkurrenz drohte. »Entschuldige, Ryan, was sagtest du?«

»Ich fragte, ob du auch schon mal gesprungen bist.« Ryan hatte begonnen, Amélie Videos aus dem Schwimmbad zu zeigen, worauf zu sehen war, wie er mit Salto vom Dreimeter-Brett sprang.

»Ja, aber ohne Salto. Matteo kann das.« Sie dachte an den bescheidenen Freund, der damit nicht geprahlt hätte wie Ryan, der ihr zunehmend unsympathisch wurde.

»Wisch nach links, da siehst du denselben Sprung in Zeitlupe!«

»Mmh. Cool.«

»Und hier, ein Kopfsprung. Senkrecht eingetaucht, ohne zu spritzen.«

»Wow!« Amélie bemühte sich, interessiert zu wirken, aber Ryan musste ihre Langeweile bemerkt haben.

»Schau dir die nächsten Bilder auch noch an. Ich hole uns nur schnell eine Tüte Chips.«

Amélie wischte gleichgültig weiter. Nach den Schwimmbad-Videos folgten Bilder von der Rodelbahneröffnung. Sie schaute genauer hin. War das Zufall oder hatte Ryan absichtlich immer sie mitfotografiert? Nein, es war kein Zufall. Auf den nächsten Fotos war sie in Grossaufnahme zu sehen, zum Teil mit Zoom auf jene Körperstellen, die sie vor fremden Blicken gerne schützte. Amélie ärgerte sich masslos. Was dachte sich der Kerl eigentlich?

Ryan streckte seinen Kopf zur Tür hinein. »Ich gehe kurz in den Keller. Die Chips in der Küche hat wohl mein Dad vernichtet. Aber es sind noch mehr da. Komme gleich wieder.«

Amélie hatte keine Lust auf Chips, war aber froh, dass sich Ryan nicht neben sie gesetzt hatte. Sie musste sich erst beruhigen. Sie wischte weiter zu einem Video und drückte auf den Pfeil zum Abspielen. War das wirklich möglich? Hatte Ryan tatsächlich ...? Mit offenem Mund sah sie sich das Video an. Nach einer Minute hatte sie genug gesehen. Sie zückte ihr eigenes Handy und filmte die ersten fünfzig Sekunden von Ryans Aufnahme, bevor sie die

Foto-App schloss, Ryans Gerät aufs Bett legte und zur Haustür eilte.

Sie prüfte, ob die Luft im Treppenhaus rein war. Nur ein leises Surren zu hören. Der Aufzug! Amélie sah, wie die Anzeige des Aufzugs von null auf eins sprang. Das musste Ryan sein! Unterwegs vom Keller zurück in die zweite Etage.

Sie stürmte die Treppen hinunter und verschwand gerade hinter der nächsten Biegung des Treppenhauses, als sie hörte, wie oben die Aufzugstür aufging und sich jemand Richtung Wohnung bewegte. Sie wartete, bis die Tür ins Schloss fiel, rannte weiter und hoffte, dass Ryan nicht als Erstes zum Fenster hinausschaute. Sonst hätte er nämlich gesehen, wie Amélie wenig später mit dem Fahrrad in die nächste Querstrasse abbog.

Als Amélie ausser Sichtweite war, stoppte sie und beschloss, Ryan eine kurze Entschuldigung zu schreiben. Er sollte ihr schliesslich nicht folgen.

Sorry! Ein Problem zu Hause. Musste sofort gehen.
LG Amélie

Das war zwar gar nicht nett, klang aber einigermassen plausibel, fand sie. Aber nun schnell zu Lena!

Videobeweis

Lena öffnete die Haustür. Sie schien nicht mehr mit Besuch gerechnet zu haben. Im rosafarbenen Onesie – einem an Strampelanzügen angelehnten Jumpsuit – stand sie vor Amélie. Der Pyjama-Einteiler war mit farbigen Herzchen versehen und an der zurückgeschlagenen Kapuze waren Ohren und eine angedeutete Mähne zu erkennen. Typisch Lena, dachte Amélie. Sie scherte sich nicht um die Meinung anderer. Ob Onesies gerade in Mode waren, interessierte sie nicht. Sie fühlte sich einfach wohl, den Abend als Einhorn oder sonstiges Fantasietier zu verbringen. Im Ganzkörper-Pyjama – und das im Sommer! Amélie schwitzte nur schon beim Gedanken daran, so schlafen zu müssen.

»Was gibts?«, fragte Lena besorgt. »Ich dachte, du müsstest deiner Mutter helfen.«

Amélie wurde ernst und erzählte ihrer Freundin, dass sie gelogen hatte. Lena legte ihren Kopf schief und kniff die Augen zusammen.

»Entschuldige bitte«, beeilte sich Amélie zu sagen. »Ich wollte Sam nicht verletzen.« Sie zögerte. »Und deinen kritischen Fragen ausweichen.«

»Das mit Sam verstehe ich sehr gut«, sagte Lena, nachdem sie Amélie wortlos in ihr Zimmer geführt hatte, um dort weiterzusprechen. »Aber mir hättest du doch vertrauen können.« In Lenas Stimme lag Enttäuschung.

»Ja, du hast recht. Es hat auch nicht mit Vertrauen zu tun, sondern damit, dass ich selbst nicht wusste, was ich eigentlich fühlte.« Eine Träne kullerte über Amélies Wange.

»Ist ja gut, schon verziehen.« Lena schloss Amélie in die Arme. »Du sprichst in der Vergangenheit. Also weisst du nun, was du fühlst?«

Amélie schniefte. »Danke, Lena.« Ihre Stimme wurde fester. »Ryan ist ein Idiot.« Sie erzählte ihrer Freundin von den Fotos, die er ohne ihr Wissen geschossen hatte. »Zudem habe ich mich in seiner Gegenwart so was von unwohl gefühlt.« Amélie rümpfte angeekelt die Nase. Dann verdrehte sie die Augen. »Und er hat keinen Hintern.«

Lena musste laut lachen. So gefiel ihr Amélie schon besser. »Und ich dachte tatsächlich, du magst neuerdings diese ganz dünnen Typen. Sag bloss Sam nichts von deinem Date. Er wäre sehr eifersüchtig, denke ich.«

Amélie seufzte. »Das geht leider nicht. Bei meinem Besuch habe ich auch Wichtiges für unseren Fall herausgefunden. Ich muss euch das alles erzählen.«

»Was denn?« Lena legte sich aufs Bett.

»Ich glaube, unser Fall ist gelöst. Auf dem Weg hierher sind bei mir auch noch die letzten Puzzleteile an ihren Platz gefallen.«

»Schiess los!«

Amélie setzte sich rittlings verkehrt herum auf den Bürostuhl und stützte ihr Kinn auf die verschränkten Arme, die sie auf die

Lehne gelegt hatte. »Ich habe die Verbindung zu Berger gefunden. Das müssen wir natürlich überprüfen, aber ich bin mir ziemlich sicher, dass Bauer Berger Ryans Grossvater ist.«

»Wie kommst du drauf?«, fragte Lena erstaunt.

»Am Türschild steht ›Familie Beck-Berger‹. Ryan sagte mir ja heute Morgen, als wir bei Berger standen, ich solle ihn grüssen. Ich hatte mir nichts dabei gedacht, bis ich das Schild sah. Erst habe ich es nur gelesen und nicht bewusst gespeichert. Es fiel mir aber auf dem Weg zu dir wieder ein. Ryans Mutter muss Bergers Tochter sein.«

»Und was hilft uns das?«, fragte Lena, fand die Antwort aber gleich selbst. »Du willst doch nicht etwa behaupten ...?«, sagte sie mit weit offenen Augen. »Warum sollte er ...?«

»Warum sollte er Pneus zerstechen, meinst du?« Amélie nickte anerkennend. Lena war wie immer sehr schnell im Kombinieren. »Nun, ich denke, er wollte sich an Makarenko rächen. Sein Vater und er hätten dank der Klage viel Geld erhalten können. Als Makarenko Thomas Beck einfach so hängenliess, musste Ryan rotgesehen haben.«

»Er hat sich bei seinem Grossvater ein Messer geholt«, führte Lena den Gedanken weiter, »und am Sommerfest die Gelegenheit genutzt, um seine Wut am weissen Jaguar auszulassen.«

»Er muss Matteo erkannt haben. Vor Schreck entglitt ihm das Messer und er ergriff die Flucht. Matteos Beschreibung eines eher jungen Täters mit Kapuzenpullover würde ebenfalls passen, oder?« Amélie schauderte. Sie konnte kaum glauben, dass sie sich noch vor zwei Stunden zu Ryan hingezogen gefühlt hatte.

»Wow, Amélie! Das erklärt alles!«

»Fast alles. Etwas fehlt noch.«

»Da kommt noch mehr?«, sagte Lena ungläubig.

»Ja, schau dir auf meinem Handy dieses Video hier an. Es ist die Aufnahme eines anderen Videos, das ich auf Ryans Handy gefunden habe.«

Lena drückte auf den Pfeil. Erst waren nur verwackelte Bilder einer Alpweide zu sehen. »Ist das auf der Rodelbahn aufgenommen?«

Amélie nickte. »Schau weiter!«

Lena konzentrierte sich wieder auf die Aufnahme. Ryans Stimme war deutlich zu hören. Er jauchzte. Der Film zeigte die Fahrt aus seiner Sicht. Die Schienen rasten auf den Betrachter zu. Der Rodel bog in eine leichte Kurve. »Das ist recht weit oben. Ich schätze etwa bei Kurve vier.« Lena nahm den Blick nicht vom Bildschirm. »Ist das die Unfallfahrt vom Eröffnungstag?«, fragte sie aufgeregt.

»Ja, gleich kommt die entscheidende Szene.«

Der Bildausschnitt veränderte sich. Ryan hatte offenbar mit einer Hand gefilmt. Die Handykamera wurde nach unten geschwenkt. Man sah, wie seine linke Hand den Bremshebel ganz nach vorne drückte. Und dann entdeckte Lena, was Amélie gemeint hatte: Ryan war nicht angeschnallt!

»Der Kerl hat gelogen, als er sagte, der Gurt habe sich gelöst!«, bemerkte Lena und schaute weiter konzentriert auf den Bildschirm. »Kurve sieben ..., Kurve acht ...«, murmelte sie, »Ryan ist da wirklich in halsbrecherischem Tempo unterwegs!« Kurve neun kam rasend schnell näher. Gerade als die Fliehkraft am grössten gewesen sein musste, schrie Ryan auf und die Bilder überschlugen sich. Einige Sekunden später war ein leises Stöhnen zu hören, während das Handy offenbar auf der Bildschirmseite zum Liegen gekommen war und weiter die Baumkronen und den Himmel filmte.

»Hier endet meine Aufnahme«, sagte Amélie. »Ryans Video dauerte noch etwa zehn Minuten länger. Ich hatte keine Zeit mehr, es anzuschauen, aber ich denke, er hat erst später gemerkt, dass er weiter am Aufnehmen war. Man würde wohl auch uns zwei noch hören und mitbekommen, wie er das Handy in die Hosentasche steckte.«

Lena ärgerte sich. »Ich erinnere mich wieder, wie ich ihm das Handy gereicht habe. Wenn ich da genauer hingeschaut hätte, wäre mir vielleicht aufgefallen, dass Ryans Smartphone gerade alles aufnahm.«

»Und ich hatte noch Mitleid mit ihm!«, schnaubte Amélie verächtlich.

Die Mädchen schauten sich das Video ein zweites Mal an und stoppten das Bild in dem Moment, wo Ryans Bauch und Hüfte zu sehen waren.

»Da ist ganz eindeutig nirgends ein Sicherheitsgurt zu erkennen«, sagte Lena und fügte bitter an: »Dieses Video hätte bewiesen, dass die Bergbahnen keine Schuld am Unfall trifft. Warum nur hat Ryan gelogen?«

»Er wusste genau, dass der Unfall selbstverschuldet war. Mit einer Hand am Handy und nicht angeschnallt? Das traute er sich wohl auch seinem Vater gegenüber nicht zu sagen. So ein Feigling!« Amélie hatte mittlerweile gar nichts mehr für Ryan übrig.

»Du meinst, sein Vater wusste nichts von der Lüge?«

»Das wird sich zeigen. Ich denke, nun ist der Punkt erreicht, wo wir nicht mehr selbst weiterermitteln können. Jetzt ist Wachtmeister Winter gefragt.«

Schluss oder Neuanfang?

Mano und zwei Leiterinnen stimmten ihre Gitarren. Alle Pfadfinder – und mitten unter ihnen die MounTeens – hatten sich im Schneidersitz um das riesige Lagerfeuer gesetzt und freuten sich auf den Schlussabend.

»Toll, dass wir hier dabei sein dürfen, Chat!«, sagte Matteo und strahlte seine Lieblingspfadfinderin an. Er wusste schon jetzt, dass er sie vermissen würde, wenn die Gruppe ihr Sommerlager am nächsten Morgen abbrechen und wieder nach Hause reisen würde. Aber bereits am Vorabend traurig zu sein, kam dem stets gut gelaunten Matteo nicht in den Sinn. Und ausserdem hatte er ja ihre Handynummer erhalten. Sie würden also auf jeden Fall in Kontakt bleiben.

»Danke für eure Einladung!«, sagte Sam fröhlich. »Ich bin gespannt, wie so ein letzter Abend im Pfadfinderlager abläuft.« Er schielte zu Amélie und war glücklich, dass sie seine Nähe nicht mehr mied. Ganz selbstverständlich sassen sie nebeneinander, wobei sich ihre Beine und Arme immer wieder mal berührten.

»War doch selbstverständlich«, sagte Chat. »Wir haben schliesslich auch so einiges zusammen erlebt, oder?« Ihre Augen leuchteten, als sie Matteo ansah. »Super, dass ihr den Fall noch gelöst habt!«

»Allzeit bereit!« Matteo lachte. »So lautet doch euer Pfadfinder-Motto, oder?«

»Genau. Für euch MounTeens müsste es dann ›Allzeit fallbereit‹ heissen!« Chat grinste. »Ihr habt euch ja trotz Sommerferien echt reingekniet. Ich muss aber ehrlich gestehen, dass ich nicht mehr alles zusammenkriege, was da gelaufen ist.«

»Der Fall war komplexer als anfangs gedacht«, ergriff Lena das Wort. »Alles basierte auf einer grossen Lüge.«

»Wie meinst du das?«

Lena erzählte vom Unfall und den Videobildern, die zeigten, dass Ryan nicht angeschnallt gewesen war. »Ryan erzählte seinem Vater, der Gurt habe sich gelöst. Dieser glaubte das bis heute Morgen, als ihn Wachtmeister Winter, also Sams Vater, verhörte. Thomas Beck ist absolut unschuldig. Weil auch Makarenko Ryans Geschichte glaubte, kontaktierte er Beck am letzten Montagabend. Glauser, der Chef der Bergbahnen, beobachtete, wie sich Makarenko und Beck trafen, und fürchtete sich zu Recht vor einer Klage, die der reiche Russe finanzieren wollte. Makarenko erhoffte sich von der Klage weitere schlechte Presse für die Bergbahnen, sodass er diese günstiger hätte übernehmen können.«

»Bis hierhin ist alles klar«, sagte Chat nickend.

»Glauser beschloss daraufhin, Makarenko eine Falle zu stellen, um ihn zu erpressen. Er klemmte ihm deshalb am Dienstagmorgen einen Zettel unter den Scheibenwischer und forderte ihn auf, am Dienstag um Mitternacht beim Rodeldepot zu sein. Dort filmte er Makarenko und erpresste ihn am folgenden Tag damit, das Video der Presse zuzuspielen.«

»Eigentlich clever.« Chat grinste.

»Das fand Sams Vater auch, weshalb er diese Geschichte nicht weiterverfolgen will. Er hält hier einfach dicht. Und Makarenko hat ja keine Anzeige erstattet. Von der Erpressung wissen neben den Beteiligten nur noch wir, Sams Vater und du. Also bitte erzähle es ebenfalls nicht weiter!«

»Pfadfinder-Ehrenwort«, sagte Chat und streckte als Versprechen kurz drei Finger wie beim Schwören in die Luft.

»Glausers Taktik ging übrigens auf. Makarenko bekam kalte Füsse und zog sein Geld zurück. Das wiederum machte Ryan so wütend, dass er aus Rache die Pneus an Makarenkos Wagen zerstach. Eine Straftat, selbst wenn sie ein Sechzehnjähriger verübt hat, fand Herr Winter. Ryan wird dafür zur Verantwortung gezogen werden. Auch seine Falschaussage gegenüber den Bergbahnen und der Polizei bei seinem Unfall wird für ihn Konsequenzen haben.«

»Oh, der Arme.« Chat verzog ihr Gesicht.

»Mit dem brauchst du kein Mitleid zu haben«, sagte Amélie kühl, während Sam sich ein Grinsen nicht verkneifen konnte. Er legte seinen Pullover um Amélies Schulter. Eine Geste, die sie mochte, wie Sam wusste. Ausserdem war ihm aufgefallen, dass sie trotz dem nahen Feuer leicht gefröstelt hatte. Sie lächelte ihn an.

»Und Berger?«, fragte Chat.

»Unschuldig. Ryan hat seinen Grossvater am Donnerstagnachmittag besucht und das Messer entdeckt, das ihr Pfadfinder zurückgebracht hattet. Ryan steckte es ein, ohne dass Berger es merkte.«

»Wohin ging er eigentlich, als ihr ihn in der Nacht verfolgt habt und dann mitten in unsere Nachtaktivität geplatzt seid?«, fragte Chat weiter.

»Wachtmeister Winter sagte, Berger sei in dieser Nacht zu einem anderen Bauern gerufen worden, dessen Kuh ein Kalb geboren habe. Er ging also nicht zum Rodeldepot, wie wir lange vermutet hatten. Und als er am nächsten Tag an der Rodelbahn stand, hat er offenbar bloss Bäume markiert, die später gefällt werden sollten. Es war reiner Zufall, dass wir ihn dort haben stehen sehen.«

Chat runzelte die Stirn. »Aber was ist mit dem abgesägten Baum, den wir gefunden haben?«

»Das waren die Hansen-Zwillinge, die von ihrem Vater, dem geschäftigen Bauunternehmer, dazu angestiftet wurden«, sagte Lena spöttisch. »Der wird nun aber indirekt genauso bestraft wie Makarenko, denn auch wenn die Öffentlichkeit nichts davon erfahren wird, ist eines klar: Makarenko wird diese Bergbahnen nie und nimmer übernehmen und Hansen wird dadurch das ganz grosse Geschäft ebenfalls flöten gehen.« Lena rieb sich vergnügt die Hände. »Meine Mutter mag jedenfalls keine Geschäfte mehr mit den beiden machen. Und wisst ihr, was noch viel besser ist: Sie mag mit diesen Schleimern zum Glück auch sonst nichts mehr zu tun haben.«

»Dann kriegst du also leider keinen reichen Stiefvater«, witzelte Chat.

»Dafür hätte ich sowieso gesorgt!«, sagte Lena mit grimmiger Miene. »Auf keinen Fall wäre der bei uns eingezogen!«

Chat lachte. »Wehe dem, der sich mit Lena anlegt! Gut, dass deine Mutter nun aber selbst zur Einsicht gekommen ist, dass Makarenko nicht der Richtige für sie ist. Ein Happy End für alle.«

»Nicht ganz«, warf Sam ein. »Die finanziellen Probleme der Bergbahnen sind noch nicht gelöst, sagt mein Vater. Es soll in der Zeitung nun aber am Montag wenigstens einen ausführlichen Bericht darüber geben, dass der Grund für den Unfall vom vorletzten Sonntag kein Materialfehler war, sondern dass die verunfallte Person fahrlässig gehandelt habe.«

»Das kann helfen.« Lena nickte. »Meine Mutter wird sich ausserdem im Gemeinderat für eine mögliche finanzielle Hilfe von der Gemeinde einsetzen, damit die Bahnen sicher nicht in fremde Hände geraten.«

»Cool, ihr Meisterdetektive!« Chat schaute die MounTeens der Reihe nach an. Dann knuffte sie Matteo in die Seite: »Und vor allem du, Mute! Für deinen Einsatz in diesem Fall müsste man dich glatt in ›Mut‹ umtaufen.«

Matteo wurde rot und war froh, dass es im Schein des Feuers wohl niemandem auffiel. »Es geht los«, versuchte er von sich abzulenken. Er deutete auf die Pfadfinder, die ungeduldig darauf gewartet hatten, dass der Schlussabend mit einem gemeinsamen

Lied eröffnet würde. Nun klatschten sie nach den ersten Gitarrenakkorden begeistert den Rhythmus mit. Die MounTeens holten den vorher verteilten Zettel hervor und stimmten ins eigens getextete Lagerlied ein, das zur Melodie von »Country Roads« gesungen wurde.

»Sommerlager ... in den Bergen ...«, klang es aus dreissig Kehlen, und während im Lied die Abenteuer und Anekdoten der letzten zehn Tage in mindestens zwanzig Strophen zusammengefasst besungen wurden, sprach die Begeisterung in den Gesichtern der Pfadfinderinnen und Pfadfinder Bände.

Was für ein schöner Schlussabend, dachte Amélie und schaute ins Feuer. Sie kuschelte sich an Sam. Für sie selbst fühlte sich das Ganze allerdings viel eher wie ein Neuanfang an.

ENDE

Noch mehr Abenteuer erleben auf

www.moun-teens.com

⇒ Schreibe Marcel Naas und den MounTeens.

⇒ Melde dich für den kostenlosen MounTeens-Club an und erhalte zum Beispiel eine Überraschung zum Geburtstag.

⇒ Löse Quizzes und prüfe dein Wissen.

⇒ Wage dich mit Sam im Snowboard-Game auf die Piste und sammle Punkte.

⇒ Entdecke und bestelle weitere MounTeens-Bücher und tolle Souvenirs.

⇒ Vieles mehr ...

⇒ **Neu: MounTeens Abenteuer auch als Hörspiele erhältlich (BERGIS Medien).**